August Reichensperger

Augustus Welby Northmore Pugin, der Neubegründer der christlichen Kunst

in England

August Reichensperger

Augustus Welby Northmore Pugin, der Neubegründer der christlichen Kunst
in England

ISBN/EAN: 9783743621886

Hergestellt in Europa, USA, Kanada, Australien, Japan

Cover: Foto ©ninafisch / pixelio.de

Weitere Bücher finden Sie auf **www.hansebooks.com**

Sammlung

historischer Bildnisse.

Freiburg im Breisgau.
Herder'sche Verlagshandlung.
Zweigniederlassungen in Straßburg, München und St. Louis, Mo.

Augustus Welby Northmore Pugin,

der Neubegründer der christlichen Kunst in England.

Zugleich zur

Frage von der Wiederbelebung der Kunst und des Kunsthandwerks in Deutschland.

Von

Dr. August Reichensperger.

Freiburg im Breisgau.
Herder'sche Verlagshandlung.
Zweigniederlassungen in Straßburg, München und St. Louis, Mo.

Das Recht der Uebersetzung in fremde Sprachen wird vorbehalten.

Buchdruckerei der Herder'schen Verlagshandlung in Freiburg. — 1877.

Augustus Welby Northmore Pugin.

I.

Augustus Welby Northmore Pugin stammte aus einer altadeligen, ursprünglich schweizerischen, dann französischen Familie. Sein Vater, Augustus Pugin, geboren im Jahre 1762, flüchtete während der Schreckenszeit nach England, wo er, Dank zunächst seiner Fertigkeit in der Architektur-Malerei, welche er als Dilettant geübt hatte, bei einem hervorragenden Architekten Namens Nash ihm seinen Lebensunterhalt gewährende Beschäftigung fand. Allmählich bildete er sich zu wahrer Meisterschaft aus, indem er vorzugsweise der im Beginne unseres Jahrhunderts hier und da hervortretenden, damals jedoch nur höchst sporadisch als Mode sich geltend machenden Liebhaberei für gothische Bildungen sich zuwendete. Er that sich in einer Weise hervor, daß ihm die Hand einer nicht bloß durch ihre Schönheit ausgezeichneten jungen Dame, Catharina Welby, Tochter eines angesehenen Rechtsanwaltes, zu Theil ward. Im Verein mit Willson, einem gründlichen Kenner der mittelalterlichen Kunst, veröffentlichte er im Anfange der zwanziger Jahre ein Bilderwerk über gothische Baukunst (Specimen of Gothic Architecture), welches Aufsehen erregte, und begab sich demnächst im Jahre 1825 mit einigen seiner Schüler nach der Normandie, wo er mit dem um die christliche Kunst hochverdienten Begründer der großen französischen Kunstgenossenschaft: Société française pour la conservation des Monuments historiques, Arcisse de Caumont, in nahe und dauernde Beziehung trat. Eine Frucht dieses Ausfluges war eine Schrift über normannische Bauwerke, an welche sich später noch andere Publicationen über die Architektur London's u. s. w. anreihten. Der Einfluß, welchen die Werke des älteren Pugin auf die damalige, durchweg in unverständigen Nachahmungen vielfach dem heutigen Bedürfnisse nicht entsprechender mittelalterlicher Bildungen sich ergehenden Baupraxis ausübten, ist, soweit sie überhaupt das Gebiet der Gothik betrat, nicht hoch anzuschlagen; wohl aber wohnt denselben, in Verbindung mit den lebendigen Lehren ihres Verfassers, insoferne eine nicht geringe Bedeutung ein, als dadurch die Geistesrichtung des Sohnes beeinflußt und insbesondere der Grund zu dessen so seltener Fertigkeit im Auffassen und Darstellen gelegt ward. Letzterer, unser Augustus Welby Pugin, war in London am 1. März 1812 geboren. Sein katholischer Vater ließ ihn protestantisch taufen und im Protestantismus erziehen. Obgleich von sehr zarter Körperbeschaffenheit, zeichnete er sich doch schon als Schulknabe in allen Lehrgegenständen aus. Ohne eine höhere Schule besucht zu haben, begann er seine künstlerische Laufbahn in dem Atelier seines Vaters, dessen Schüler durch die Hausfrau in gar strenger Zucht gehalten wurden. Sein Wesen hing schon gleich anfangs stärker nach der poetischen Seite der Gothik hin, als mit der Rücksicht auf materiellen Erwerb verträglich war; alte Burgen und Ritterromane übten eine besondere Anziehung auf ihn aus; jedoch blieb Kopfhängerei ihm stets fremd; vielmehr spielte sein Witz in Bild und Wort mit seiner Phantasie um die Wette und zeigte er sich zu allerhand heiterem Spuk aufgelegt. Seine Mutter war, wie sie in einem Briefe an ihre Schwester sich ausdrückte, der Meinung, daß dem jungen Augustus zu einem Universalgenie nichts fehle, als die Gabe, sich — gewählt zu kleiden. Wohl mit mehr Fug hätte sie die bis in dessen spätere Lebenszeit dauernde Hinneigung ihres Sohnes zu einem meist an die Matrosentracht erinnernden Phantasie-Costüme aus dessen übersprudelnder Genialität herleiten können. Seine Leidenschaft für Alterthümer trieb ihn zu mancherlei Wagnissen: so z. B. ließ er sich auf der Burg von Rochester, welche ihn besonders lebhaft interessirte, an einem Seile in einen tiefen Brunnen herab, durchforschte unterirdische Gänge, Verließe und dergleichen; mehr als einmal entging er in fast wunderbarer Weise augenfälliger Lebensgefahr. Mittels der Bruchstücke von Gläsern und sonstigem Geschirre, welche er aus dem Burgbrunnen von Rochester heraufbrachte, legte er übrigens den Grund zu einer Sammlung, die sich allmählich zu einem Museum von Bedeutung gestaltete.

Während des Jahres 1827 begab sich unser Pugin mit seinem Vater abermals nach Paris, wo beide an der Cathedrale und sonstigen Baudenkmälern Studien machten. Ein von des Ersteren Mutter in einem Briefe erwähntes Vorkommniß während dieses Aufenthaltes in der Hauptstadt Frankreichs zeigt so recht, wie bedenklich es ist, über die eigene Zukunft ein absprechendes Urtheil zu fällen. Eine Freundin der Frau Pugin schlug derselben in Gegenwart ihres Sohnes dessen Vermählung mit einer ihr verwandten jungen Dame vor; unser Welby, nach wenig Jahren schon einer der eifrigsten Verfechter des Katholicismus, rief entrüstet aus: „Was, ich soll eine Katholikin heirathen? Nie und nimmer wird das geschehen." Ohne daß er, wie dieser Ausruf zeigt, eine Ahnung davon hatte, wohin es führe, befand sein Geist sich bereits auf dem Wege zur katholischen Kirche. Einen äußeren Anstoß nach dieser Richtung hin mag sein Enthusiasmus für die mittelalterliche, dem Katholicismus entsprossene Kunst gegeben haben; in noch höherem Maße aber zweifelsohne die von seiner hochbegabten Mutter genährte Abneigung gegen nüchternen Rationalismus und trockene, langgesponnene Vorträge der presbyterianischen Prediger, auf welche die Familie Pugin angewiesen war.

Nachdem Welby Pugin im Auftrage seines Vaters für mehrere Projecte, insbesondere eines Kirchhofes und einer Einfassung der Themse, die unverwirklicht blieben, gearbeitet hatte, sowie auch für Architekten, welche sich dann mit seinen Federn schmückten, ward ihm Seitens der zu jener Zeit weithin berühmten Goldschmiede Rundell und Bridge der Auftrag, Zeichnungen in mittelalterlichem Style für Silbergeräthe anzufertigen. Weit bedeutender und ehrenvoller war der demnächst ihm gewordene Auftrag, dem mit der Herstellung des Windsorschlosses betrauten, jedenfalls der Aufgabe nicht in jeder Beziehung gewachsenen Architekten Wyattville durch Anfertigung der Entwürfe für das Möbelwerk zur Hand zu gehen.

Während Pugin noch für Windsorschloß arbeitete, ward er durch die Bekanntschaft mit einer bei dem Covent-Garden-Theater angestellten Persönlichkeit Namens Dayes dem Bühnenwesen zugeführt, welches ihn bald so sehr anzog, daß er sich leidenschaftlich auf die Theater-Decorationsmalerei und was Alles damit zusammenhängt, selbst die Maschinerie nicht ausgenommen, warf. Hier durfte seine künstlerische Phantasie einen weit freieren und kräftigeren Aufschwung nehmen, als das gewöhnliche Leben draußen es gestattete; der ganze Reichthum der mittelalterlichen Formenwelt konnte entfaltet und zur Schau gestellt werden. Zu letzterem gab ihm besonders die Aufführung einer neuen Oper: Kenilworth, im Winter 1831 Gelegenheit, und darf man wohl sagen, daß die von Pugin entworfenen Decorationen und Costüme nicht wenig dazu beigetragen haben, seinem Namen und zugleich dem gothischen Style Bahn in die Gesellschaft zu brechen. Bloße Fictionen und rasch vorbeiziehendes, zum guten Theile auf Täuschung beruhendes Schaugepränge konnten indeß einen so hochstrebenden Geist auf die Dauer nicht befriedigen. Wohl mehr unwillkürlich als absichtlich suchte derselbe wieder seinen natürlichen Schwerpunkt, sein Gleichgewicht im Verkehre mit dem, gewissermaßen Einförmigkeit mit stetem Wechsel verbindenden, Ewigkeitsgedanken wach rufenden und doch auch wieder zu mannhafter Thätigkeit auffordernden Meere. Er begann mit Ausflügen auf einem eigenen Boote; demnächst aber unternahm er weitere Reisen nach Holland und Flandern, welche zugleich dazu dienten, Kunstwerke und Curiositäten für sein Museum zu sammeln, mitunter auch wohl nebenher einigen Schmuggel zu vollführen, weniger um des Geldgewinnes willen, als weil ihn das Wagniß anzog. Eine dieser Reisen endete mit einem Schiffbruche an der schottischen Küste, aus welchem er so zu sagen nur das nackte Leben rettete. Von einem ihm dem Namen nach bekannten Architekten, Graham, an welchen er sich in Edinburg wendete, ward er auf's Freundlichste mit allem Nothwendigen ausgestattet; derselbe drang aber auch zugleich in ihn, sich fernerhin ausschließlich der Uebung seiner Kunst zu widmen. Durch das Seemannsleben war mittlerweile aus dem zarten, eleganten Jüngling ein derber, zwangloser Bursche geworden, der mit kräftiger Faust jedes Handwerkszeug zu führen verstand. Das praktische Geschick, welches er sich angeeignet hatte, in Verbindung mit der Wahrnehmung, daß auch noch so sorgfältig von ihm ausgeführte Zeichnungen, wie er deren viele, namentlich für decorativ gehaltene Einzelheiten, in gothischem Style aus Auftrag von Architekten anfertigte, nicht verstanden oder mangelhaft wiedergegeben wurden, brachte ihn auf den Gedanken, eine Werkstätte einzurichten, in welcher dann unter seiner Leitung das von ihm Entworfene ausgeführt wurde. Die Verwirklichung dieses Gedankens war indeß mit nicht geringen Schwierigkeiten verbunden. Zufolge des After-Classicismus und der Geschmacksmengerei, welche damals in der englischen Kunstwelt herrschten, wie bei uns

zu Lande noch heute, war das Handwerk aus Rand und
Band gekommen, da es demselben an festen Grundprincipien
und Traditionen gebrach, ohne welche zu einer wahren Vir=
tuosität nicht zu gelangen ist. Natürlich vertheuert auch der
Mangel an Uebung und Sicherheit die Arbeit nicht wenig,
zumal wenn, wie es bei der Gothik der Fall ist, lebendige
Bewegung mit strenger Gesetzmäßigkeit und technischer Ge=
nauigkeit verbunden sein muß. Da Pugin überdieß zu nichts
weniger als einem Geschäftsmanne, im kaufmännischen
Sinne des Wortes, angelegt war, so stellten sich bald Geld=
verlegenheiten bei ihm ein, die im weiteren Verfolge einen
so ernsten Charakter annahmen, daß er nur durch die Da=
zwischenkunft zweier Freunde seines Vaters, der Verleger
Weale und Hogarth, am Schuldengefängnisse vorbeikam.

Weder seine Seefahrten noch auch seine finanziellen Be=
drängnisse hatten die Fäden zu zerreißen vermocht, welche den
jungen Pugin mit dem Covent=Garden=Theater verbanden;
insbesondere blieb ihm der bei demselben angestellte obenge=
nannte Dayes schon insofern nahe, als er eine Verwandte
desselben, ein Fräulein Garnet, umwarb und demnächst zu
seiner Lebensgefährtin erkor. Diese Ehe war nur von kurzer
Dauer: am 27. Mai 1832 starb die junge Frau im Wochen=
bette; ihr Kind, eine Tochter, überlebte sie. Tiefgebeugt
durch diesen Schlag sehnte Pugin sich nach einer geregelten,
einem festen Zielpunkte zugewendeten Thätigkeit, möglichst
ferne vom Getümmel des großstädtischen Lebens. Nach einem
vergeblichen Anlaufe, in der Nähe der Stadt Christchurch,
in deren alterthümlicher Hauptkirche seine hingeschiedene Frau
begraben worden war, sich eine Niederlassung zu gründen,
erbaute er sich unweit Salisbury ein Haus in mittelalter=
lichem Styl, worin indeß seine Liebhaberei für Burgbauten
sich noch etwas über Gebühr auf Kosten der Zweckmäßig=
keit geltend machte. Von diesem seinem Wohnsitze aus unter=
nahm er Ausflüge nach den ihm noch unbekannt gebliebenen

Baudenkmälern, indem er auf denselben zugleich seine Kunst= sammlung mit Seltenheiten aller Art bereicherte. Jedenfalls brachte er stets Aufnahmen und Zeichnungen mit, deren, nach dem Urtheile eines der genialsten Architekten Englands, William Burges (Arts applied to Industry, p. 110), kaum jemals erreichte doppelte Meisterhaftigkeit bewundernswerth ist, da er sie mit der größten Schnelligkeit auf das Papier zu werfen pflegte. Schreiber dieses hat im Jahre 1865 eine Reihe allmählich so entstandener Skizzenbücher im Pu= gin'schen Familienhause gesehen, welche um so schätzbarer sind, als sie nicht wenig seitdem Untergegangenes in sich beschließen.

Mit wahrem Feuereifer nahm Pugin sich nämlich der durch den Unverstand bedrohten Kunstwerke an und war bemüht, die der Zerstörung preisgegebenen wenigstens im Bilde der Nachwelt zu erhalten. Ganz besonders ward na= türlich sein Interesse durch die herrliche, in frühgothischem Style erbaute Cathedrale von Salisbury in Anspruch ge= nommen, welche aber zufolge des Unverstandes und der Gleichgültigkeit der maßgebenden geistlichen Würdenträger eine wahrhaft brutale Restauration, im damaligen Sinne dieses Wortes, zu erleiden gehabt hatte, um sie dem Tages= geschmacke näher zu bringen. Wer nur einiges Verständniß und Interesse für die Kunst des Mittelalters in sich trägt, muß Vorkommnisse solcher Art, welche damals auch noch in England sozusagen alltäglich waren, schmerzlich empfinden; um wie viel mehr ein Mann wie Pugin, dessen Liebe für jene Kunst bis zum Enthusiasmus gesteigert war. Der Rahmen gegenwärtiger Schrift gestattet es nicht, auch nur einen Theil der Briefe mitzutheilen, in welchen er seiner Be= wunderung über die von ihm in Augenschein genommenen Bauwerke und seinem Ingrimm über die Mißhandlung der= selben freien Lauf läßt. Ferrey's Biographie Pugin's ent= hält einige im Oktober 1833 an einen Freund Namens

Osmond gerichtete Briefe, welche in diesen beiden Beziehungen sehr charakteristisch sind. In einem derselben feiert Pugin, man könnte sagen, im Tone des Schwärmers, wenn er nicht des Warum sich so vollständig bewußt gewesen wäre, die Herrlichkeit der Cathedrale von Wells: Gothic for ever! (die Gothik für immer!) ruft er begeistert aus, nachdem er zwischen der Schönheit der Antike und der aus dem Christenthum erblühten mittelalterlichen Kunstweise einen eingehenden Vergleich gezogen. Nicht wenige dieser Briefe sind mit Initialen, Randzeichnungen und sonstigen auf den Text bezüglichen Skizzen ausgestattet, welche den pikanten Reiz seiner Schreibweise noch wesentlich steigern und so recht zeigen, wie sehr er damals schon die Formensprache des Mittelalters beherrschte, von dessen Geist er sich immer mächtiger angezogen fühlte. Natürlich drängte sich ihm die Frage auf, ob dieser in den Formen sich kundgebende Geist auch noch im Inneren der von denselben umschlossenen Räume fortlebe, und Pugin war nicht der Mann, solcher Frage aus dem Wege zu gehen, sich, wie so viele sogen. Kenner es thaten und thun, lediglich dem ästhetischen Genusse hinzugeben oder seinen kritischen Scharfsinn nach außen hin zu bekunden. Das Ergebniß seiner Beobachtungen und seines Nachdenkens nach jener Richtung hin ward ein für den Protestantismus immer ungünstigeres. Schon in einem im Januar 1834 an Osmond gerichteten Briefe findet sich die Aeußerung, daß, wie seiner, durch reifliches Erwägen gewonnenen Ueberzeugung nach nur die römisch-katholische Kirche die wahre Kirche sei, auch auf ihr allein der erhabene Styl der mittelalterlichen Baudenkmale neues Leben schöpfen und verjüngt erstehen könne. Vorher hatte er sich über das Verhalten von Mitgliedern des anglicanischen Klerus in beißender Weise geäußert; allein Wahrnehmungen dieser Art so wenig wie Betrachtungen rein ästhetischer Natur führten ihn der katholischen Kirche zu, wenngleich sie allerdings in dieser Beziehung einen nicht unerheblichen Einfluß übten. Hören wir, wie Pugin selbst über diesen Punkt sich öffentlich äußerte: „Meine Erziehung" — so lauteten seine Worte — „war sicher nicht von der Art, mich zum Katholicismus zu führen. Ich war gelehrt worden, ihn durch dasselbe entstellende Medium zu betrachten, wie es Seitens der großen Masse meiner Landsleute geschieht. Demzufolge geneigt, alles Mögliche in Betreff desselben zu glauben, war ich erfüllt von den landläufigen Vorstellungen von Foltern, Zangen, Scheiterhaufen, Götzendienst, Sündenschacher und was dergleichen mehr ist; ich war gefangen in dem so weithin gebreiteten Lügengewebe, welches so leicht dazu führt, daß man verabscheut oder fürchtet, was man mit Freude und Ehrerbietung annehmen würde, wenn man es im Lichte der Wahrheit erblickte. Mit so verkehrten Ansichten ging ich an das Studium der Kunst. Bald jedoch empfand ich die Nothwendigkeit, Studien für mich ganz neuer Art zu machen. Ursprung, Zweck und Gebrauch der Werke, welche mich interessirten, war mir durchweg nicht bekannt; als ich mich dann des Studiums der Liturgie befleißigte, welch' ein neues Feld eröffnete sich da vor meinen Blicken! Mit welcher Wonne gewahrte ich die Angemessenheit eines jeden Theiles dieser glorreichen Bauwerke für die Kirchengebräuche, zu deren Feier sie errichtet worden waren! Der Gottesdienst, welchem ich gewohnt war, beizuwohnen, erschien mir nur noch als ein kalter, herzloser Ueberrest hingeschwundener Herrlichkeit; jene Gebete, die ich in meiner Unwissenheit dem Frommsinn der Reformatoren zugeschrieben hatte, gaben sich mir als abgerissene Bruchstücke des feierlichen, einheitlich geschlossenen Gottesdienstes der alten Kirche zu erkennen. Je länger ich mich mit den gläubigen Chroniken der Vorzeit beschäftigte, um so mehr gewahrte ich, wie die neue Religion durch Tyrannei und Blutvergießen eingeführt worden, wie endlose Widersprüche und Spaltungen unter ihren Ver=

breitern herrschten, wie Verwüstung und Zerstörung ihre Fortschritte begleiteten. Dem Allem gegenüber erblickte ich die katholische Kirche, wie sie in ununterbrochener apostolischer Nachfolge bastand, denselben Glauben, dieselben Sacramente und Ceremonien, ihrem Wesen nach unverändert und unveränderlich durch jedes Klima, jede Sprache und Nation überliefernd. Während mehr als drei Jahren lag ich ernsthaft dem Studium des so überaus wichtigen Gegenstandes ob. Die unwiderstehliche Kraft der Wahrheit drang in mein Herz und freudig unterwarf ich mein eigenes trügliches Urtheil den unfehlbaren Entscheidungen der Kirche; indem ich mit Herz und Seele ihren Glauben und ihre Disciplin annahm, wurde ich ein demüthiges und, wie ich vertraue, ein durch und durch gläubiges Mitglied derselben. Demnach hoffe ich, daß meine Conversion in christlicher Liebe nicht länger mehr allein meiner Bewunderung künstlerischer Schönheit beigemessen werden wird. Wie bereitwillig ich zugestehe, daß diese Schönheit zuerst meine Aufmerksamkeit auf den Katholicismus hingelenkt hat, ebenso entschieden betheuere ich, daß ein so wichtiger Schritt nur auf die bringendsten Gründe hin nach langer, vielseitiger Prüfung von mir gethan worden ist." Der Verfasser des vor einigen Jahren erschienenen Werkes: History of the Gothic Revival, Karl Eastlake, gewiß ein unverdächtiger Schiedsmann, bezeichnet denn auch den Religionswechsel Pugin's als das Ergebniß weit ernsterer als bloß ästhetischer Erwägungen.

II.

Die Zeit der Einkehr Pugin's in die katholische Kirche wird von Rosenthal (Convertitenbilder II. S. 110) in den Anfang des Jahres 1836 gesetzt; nach einer mir von dem ältesten Sohne unseres Pugin, Eduard, gewordenen Mittheilung soll dieselbe bereits im Jahre 1834 stattgefunden haben. Etwas ganz Bestimmtes vermochte er indeß nicht anzugeben. Diese Unsicherheit erklärt sich aus Umständen, deren Darlegung hier zu weit führen würde. Jedenfalls hatte sich das geistige Leben Pugin's schon seit längerer Zeit um den Mittelpunkt der katholischen Christenheit bewegt, als er in einer 1836 veröffentlichten, „Die Contraste" betitelten Schrift vor aller Welt sein Glaubensbekenntniß als Katholik ablegte. Der Hauptzweck dieser Schrift ging, wie schon das Titelblatt besagte, dahin, den Verfall der Architektur und der mit ihr in Verbindung stehenden Künste zufolge des Eindringens der sogenannten Renaissance zur Erkenntniß des großen Publikums zu bringen. Pugin hatte Lebenserfahrung genug, um zu wissen, daß nur von diesem, nicht aber von den Praktikern ein Umschwung ausgehen könne. Für letztere ist natürlich nichts bequemer und zugleich ihrem materiellen Interesse entsprechender, als die Herrschaft der principlosen Routine, welche es ermöglicht, ohne viel Kopfbrechens durch das Baugeschäft viel Geld zu verdienen. Allein wie dem Volke begreiflich machen, daß die ihm angerühmte Renaissance eine eben so trügerische wie verführerische Etikette, daß das Gerede von „moderner Cultur" auf dem Architektur-Gebiete, wie vielfach anderwärts, nur die Verkommenheit verhüllender Dunst sei, daß eine Umkehr nach vor Jahrhunderten schon verlassenen Pfaden Noth thue? Zwar ist das englische Volk schwerer als irgend ein anderes durch hohle Phrasen zu bestechen, obgleich oder vielmehr weil der in demselben herrschende freiheitliche Sinn nicht duldet, daß ihm durch Schul- und Militär-Zwang und gehäufte Examina, was man so gemeinhin „Bildung" zu nennen pflegt, von Staatswegen beigebracht wird, eine Bildung, die jedenfalls auf die Dauer Oberflächlichkeit und Charakterlosigkeit im Gefolge hat. Allein anderseits sind diesem Volke gewisse Vorurtheile seit Generationen so gewaltsam eingeimpft worden, und haben von mehr als einer Seite her eine so sorgsame Pflege gefunden, daß ein vereinzeltes Angehen gegen dieselben sich fast als ein verzweifeltes Beginnen darstellte. Dazu gehörte, als Pugin hervortrat, vor Allem die Abneigung — um den mildesten Ausdruck zu gebrauchen — gegen den römischen Katholicismus und dessen Schlußstein, gegen das Papstthum. Da nun letzteres während des Mittelalters in besonderer Machtfülle geglänzt und gleichzeitig der gothische Baustyl seine höchste Blüthe entfaltet hat, so war es für die Nopopery-Schreier ein Leichtes, die Unpopularität des Papstthums auf diesen Styl zu wälzen. Bekanntlich bedient sich ein nicht kleiner Theil unseres deutschen Kunstliteratenthums noch heutzutage dieses Stratagems; nebenher werden auch wohl noch die alten Franken und Normannen, deren Genie die Gothik entsprungen ist, zu Franzosen gestempelt, damit ja die germanische Flagge nicht die „ultramontane" Waare decken kann. Mochten auch, wie gesagt, die englischen Protestanten die Intoleranz nicht so weit treiben, wie unsere „liberalen Träger der modernen Cultur", die beispielsweise für das Bildniß eines Joseph Görres, weil derselbe neben der Freiheit seines Vaterlandes auch die seiner Kirche verfocht, im Vestibül des Reichstagsgebäudes keinen Platz fanden, während dort ein Pfizer, ein Mathy und dergleichen Leute mehr als hervorragende Patrioten der Neuzeit figuriren; immer war doch für eine Schrift, deren Verfasser sich offen als römisch-katholischer Convertit zu erkennen gab, kaum ein Erfolg zu erwarten; um so weniger war ein solcher zu erwarten, als bei den irländischen Katholiken die Gothik als „sächsische" Kunstweise (Saxon Art) in Mißcredit stand und ein namhafter Theil der englischen dem romanisirenden Zopfthum entschieden zugethan war. Angesichts dieser so ernstlichen Gefährdung des Erfolges seiner Bestrebungen verfiel Pugin auf ein scheinbar sehr nahe liegendes, jedenfalls eben so sinnreiches als zweckmäßiges Auskunftsmittel. Er stellte ge-

treue Abbildungen der verschiedensten mittelalterlichen, kirch=
lichen wie profanen Zwecken dienenden Kunstgebilde den
gleichen Zwecken dienenden modernen auf einem und dem=
selben Blatte gegenüber, so daß die Unterschiede direkt
in's Auge sprangen, sozusagen handgreiflich wurden. An=
gesichts dieser Doppelbilder, siebenzehn an der Zahl, mußte
die Schönrednerei der Modernisten verstummen. Die nichts=
sagende Erscheinung der pseudo=classischen und der pseudo=
renaissancistischen Machwerke, ihre fade, abgestandene Prin=
ciplosigkeit bildete gewissermaßen die Folie, auf welcher die
mit Zweckmäßigkeit verbundene harmonische Einheitlichkeit
der Bildungen im gothischen Style sich erst so recht geltend
machte. Eine thurmgekrönte mittelalterliche Stadt tritt da
der, meist nur durch Dampfschlöte gebrochenen Plattheit einer
im „Lichte" des 18. und 19. Jahrhunderts erwachsenen
gegenüber; von der Cathedrale an bis herab zum Grab=
denkmale wird der Gegensatz illustrirt; die Privatwohnungen
mit ihren Geräthschaften, die Kaufläden, die öffentlichen
Brunnen, die Brücken, ja selbst das Gefängniß der Neuzeit
müssen angesichts ihrer gothischen Nebenbuhler selbst von
ihrer traurigen Entartung Zeugniß ablegen, sozusagen
ihre eigenen Ankläger werden. Bei solcher Evidenz der
bildlichen Beweisführung bedurfte es zusätzlicher Worte im
Grunde nur noch, um das Warum des Herabsinkens der
wundervollen Kunst des christlichen Mittelalters in die
moderne, geistlose Plattheit darzulegen. Davon ausgehend,
daß die Architektur zugleich den Mittelpunkt und den Grad=
messer aller Kunstübung bilde, entwickelt Pugin zunächst
die der mittelalterlichen Baukunst zum Grunde liegenden
Principien und Anschauungen. Er thut dar, wie jene, alle
früheren großen Kunstperioden schon im Allgemeinen be=
herrschenden Principien, im Geiste des Christenthums er=
neuert und von dessen Licht durchleuchtet, den erhabensten
Ideen Ausdruck zu geben und zugleich allen Zweckmäßigkeits=

rückſichten zu entſprechen in einem vorher nicht gekannten Maße geeignet ſeien, wie die auf dieſelben gegründete Kunſtweiſe mit ſtrenger Geſetzmäßigkeit die größte Elaſticität und Beweglichkeit nicht bloß geſtatte, ſondern geradezu erheiſche. Das Wiederaufblühen und nachhaltige Gedeihen derſelben erachtet er weſentlich dadurch bedingt, daß die ausübenden Künſtler vom chriſtlichen Geiſte durchdrungen ſind und den techniſchen Theil ihrer Kunſt vollkommen bemeiſtern. Es wird dann weiter ausgeführt, wie das Umſichgreifen heidniſcher Philoſophie, Literatur und Kunſt, zunächſt in den höheren Geſellſchaftskreiſen Italiens, und ſodann die mit dem ſogenannten Humanismus enge verbundene Kirchenſpaltung, den Bruch mit den Traditionen des Mittelalters zuwege gebracht haben, ſo daß deſſen Schöpfungen theils verwüſtet oder doch ausgeplündert, theils, und zwar namentlich in den Kirchen der katholiſch gebliebenen Länder, durch antikiſirende Zuthaten, wenn nicht gar durch direkt dem Heidenthum entlehnte Darſtellungen und Embleme verunehrt worden ſeien. Endlich wird noch darauf hingewieſen, wie mit dem Geiſte, welcher in den mittelalterlichen Bauhütten und Werkſtätten gewaltet und aus dem Volksbewußtſein ſeine Nahrung gezogen habe, ſich allmählich auch die Handfertigkeit der Arbeiter verzogen habe. Während Pugin die Raubgier und die zerſtörende Verfolgungsſucht Heinrichs VIII. und ſeiner des Vaters würdigen Tochter Eliſabeth brandmarkt, gibt er nicht minder ſeinem Schmerze darüber Ausdruck, daß ſelbſt am Sitze des Hauptes der Chriſtenheit, namentlich unter dem Pontifikat Leo's X., durch die Erbauung der St. Peterskirche der antikiſirenden Neuerungsſucht ein nur allzu weithin wirkender Vorſchub geleiſtet ward. Daß Pugin es ſchließlich an einer Anleitung nicht fehlen läßt, was zu thun und was zu laſſen ſei, um wieder in die rechte Bahn zu gelangen, braucht wohl kaum erſt bemerkt zu werden, da das bisher Mit=

getheilte schon ergibt, wie sein ganzes Streben ein wesentlich praktisches war.

Die rücksichtslos einschneidende, feurig begeisterte Sprache Pugin's, in Verbindung mit der ebenso neuen als schlagenden Art seiner Beweisführung, erregte sofort großes Aufsehen; es sammelte sich um ihn eine Schaar von Anhängern, welche, stets zunehmend, bald zur herrschenden Partei wurde. In seiner schon erwähnten „Geschichte des Wiederauflebens der gothischen Architektur" (Cap. 9 S. 145) datirt Eastlake von dieser Schrift den Beginn einer neuen Epoche der britischen Kunst; „so lange noch Kunst in England geübt wird," sagt er, „kann der Name ihres Verfassers nicht der Vergessenheit anheimfallen."

Die erste Ausgabe der Contrasts hatte Pugin selbst verlegt; eine zweite, welche 1841 bei Dolman in London erschien, unterschied sich durch eine größere Ausführlichkeit des Textes und einige thatsächliche, beziehungsweise historische Berichtigungen. In letzterer Hinsicht nahm Pugin insbesondere seine frühere Aufstellung zurück, daß der Verfall der Kunst wesentlich dem Protestantismus beigemessen werden müsse. Allerdings sei, so läßt er sich u. A. in der Vorrede vernehmen, die herrliche Kunstsprache des Mittelalters aus dem Katholicismus erwachsen und bei dem Erscheinen des Protestantismus, theilweise auch wohl durch denselben, in Verfall und auf Abwege gerathen; nicht aber könne der Protestantismus als die Grundursache (primary cause) dieses Verfalls angesehen werden. Vielmehr sei er selbst das Ergebniß einer Lockerung des kirchlichen Glaubens und Lebens, namentlich in den höheren Schichten der Gesellschaft, und der daraus hervorgegangenen Hinneigung zu den mit dem Wesen des Christenthums unverträglichen Grundprinzipien der griechisch-römischen Literatur und Kunst. So erscheine denn auch der die Consequenzen dieser Hinneigung gleichsam verkörpernde Protestantismus zugleich als eine Züchtigung der von der

Kirche nicht abgefallenen Katholiken für die Sünden ihrer Väter.

Es handelt sich hier um eine unter so mancherlei Gesichtspunkte fallende Frage, daß sie sich schwerlich jemals durch ein einfaches Ja oder Nein beantworten lassen wird. Der vorstehend dargelegten Anschauungsweise Pugin's hat jüngst noch im Wesentlichen auch ein Theologe ersten Ranges, Newman, in seinem, das Gladstone'sche Libell gegen das Papstthum vernichtenden Sendschreiben an den Herzog von Norfolk (A letter addressed to the Duke of Norfolk on occasion of Mr. Gladstone's recent expostulation, p. 61) Ausdruck gegeben, indem er darauf hinwies, wie eine Zeitlang der päpstliche Stuhl von Männern eingenommen war, welche, in allzugroßer Sicherheit sich wiegend, weltlichen Luxus und ein an das Heidenthum streifendes Christenthum (A pagan kind of Christianity) fördern halfen, was dann zu jener schrecklichen Katastrophe geführt habe, zufolge welcher die Hälfte Europa's der Kirche untreu geworden sei. Da der von einer höheren Hand geschützte Glaubensschatz der Kirche stets unversehrt geblieben ist, so berührt das Weitere ihr Wesen nicht; keine historische Wahrheit wird letzteres jemals zu erschüttern vermögen.

Eine Fortsetzung und Ergänzung der Contrasts bildet eine ebenwohl im Jahre 1841 von Pugin unter dem Titel: The true principles of pointed or christian Architecture (Die wahren Principien der spitzbogigen oder christlichen Baukunst) veröffentlichte, mit vielen Abbildungen ausgestattete Schrift. Es lagen derselben Vorträge zum Grunde, welche er in der großen katholischen Unterrichts- und Erziehungs-Anstalt zu Oscott, bei Birmingham, gehalten hatte. Während in der zuvor charakterisirten Schrift das innere Wesen der Gothik und deren Schicksale in großen Zügen sich dargelegt finden, stellt Pugin hier das technische und das praktische Moment in den Vordergrund. In letzterer

Hinsicht wird besonders betont, daß der Glaube, welchem
das Werk des Meisters zu dienen bestimmt sei, vor Allem
in letzterem leben müsse, indem sonst gar leicht nur todte
Schemen zu Tage gefördert würden. Dann aber sollten
auch die Auftraggeber niemals vergessen, daß Gott eine ganz
besondere Ehre gebühre, und darum möglichst alles ferne
halten, was nicht das Gepräge ächter Kunst an sich trage
oder gar auf Täuschung des unbewachten Sinnes berechnet
sei. Wie selbstverständlich diese Mahnung auch lautet, so
wird doch nur allzu oft dagegen gehandelt, leider heutzutage
in noch weit ausgedehnterem Maße, als zu Pugin's Zeit.
Diese fabrikmäßig gefertigte, auf Grund von Preiscouran=
ten colportirte Dutzendwaare und das Surrogaten=Unwesen
bedrohen sogar geradezu alle eigentliche Kunstübung zu kirch=
lichen Zwecken. Begegnet man nicht fortwährend in den
Zeitungen Reclamen, welche den Kirchenvorstehern alles
mögliche Bildwerk aus sogenannten „Massen" oder einem
sonstigen elenden Materiale, bis zum Zink und Gußeisen
herab, Oelfarbendrucke, ja sogar „Kirchenrouleaux à la
Glasmalerei" in hochtönender Rede anpreisen! Und nur
allzu klar ergibt ein Blick in unsere Kirchen und Kapellen,
auf die Kreuzwege u. s. w., daß solche Anpreisungen nicht
selten Erfolg haben, daß Zwecken des erhabensten Cultus
Machwerke dienen, welche Niemand, dem nur das mindeste
Kunstverständniß beiwohnt, in seinem Hause duldet. Die
zudem im Grunde meist nur scheinbare Wohlfeilheit derselben
kann da nicht einmal als mildernder Umstand in Betracht
kommen. Während der früheren christlichen Jahrhunderte,
insbesondere während des Mittelalters, bestand an weit mehr
Orten als dermalen Geldmangel; man hat sich aber nie
solcher Luxus= oder Kunst=Heuchelei schuldig gemacht, wie
unvergleichlich mehr auch Cultuszwecken Dienendes damals
geschaffen ward, als heutzutage. Alles war mindestens ächt
und trug ein individuelles Gepräge an sich.

Die technische Durchführung eines Bauwerkes anlangend stellt Pugin zunächst auf, daß jeder Bestandtheil eines solchen einem bestimmten Zwecke dienen und dieß äußerlich zu erkennen geben, sowie ferner, daß das Ornament aus der Construction hervorgehen, mit derselben organisch verbunden sein müsse; das Schöne habe sich aus dem Nothwendigen zu entwickeln; es dürfe demselben gegenüber sich nicht als eine mechanisch angeheftete Zuthat zu erkennen geben. Mittels einer eingehenden Vergleichung der gothischen Bauart mit der griechischen und römischen und der aus denselben hergeleiteten modernen wird dargethan, wie erstere sowohl in principieller als in praktischer Beziehung bei weitem den Vorzug verdiene, und zwar auch hinsichtlich aller Zwecke oder Bedürfnisse unseres bürgerlichen und unseres staatlichen Lebens. Wie kühn diese Aussprüche, namentlich der letztere, damals erscheinen mußten, läßt sich wohl am besten daraus ermessen, daß heute noch, nach Ablauf von mehr als drei Decennien, nicht bloß die große Masse der sogenannten gebildeten Welt, sondern auch unserer Architekten den gothischen Styl nur für kirchliche Gebäude gelten lassen will. So schwer hält es, alte Vorurtheile zu überwinden, zumal wenn dieselben noch, wie es bei uns zu Lande durchweg der Fall ist, in dem Interesse und der Bequemlichkeit einer Art von privilegirter Kaste eine Stütze finden. Aus diesem letzteren Grunde wird denn auch wohl noch gar lange gegen jenes Vorurtheil angekämpft werden müssen. Zur Zeit begegnet man nur tauben Ohren, wenn man auf das Vorgehen fast aller namhaften englischen Architekten hinweist, welchen es doch wahrlich an praktischem Sinn und an Erkenntniß der Bedürfnisse unseres heutigen Lebens nicht mangelt.

Doch, kehren wir zu Pugin zurück. Im weiteren Verfolge seiner gedachten Schrift weist er nach, wie die allgemeinen, die gothische Architektur durchwaltenden Principien sich in dem mittelalterlichen Geräthe jeder Art widerspiegelten, ohne der

Zweckdienlichkeit einerseits und der künstlerischen Phantasie anderseits irgend Eintrag zu thun; wie jene Gesetzmäßigkeit nur eben dazu diente, um leere Phantasterei, styllose Willkür ferne zu halten, um der Kunst wie dem Handwerke eine feste, bleibende Unterlage zu gewähren. Dank dieser gemeinsamen Unterlage bestand damals im Grunde keine Trennung zwischen Kunst und Handwerk, sondern nur eine in der vollendeten Meisterschaft gipfelnde Abstufung je nach dem Maße der Begabung und der Geschicklichkeit. Hauptsächlich dadurch, daß der Kunsthandwerker nicht, wie heutzutage, in Stylen verschiedenster Art oder, was weit öfter noch der Fall ist, nach Maßgabe von Künstler- und Besteller-Launen sich hin und her zu bewegen hatte, sondern stets auf einer bestimmten Richtungslinie vorging, erklärt sich die erstaunliche Fruchtbarkeit und Formbeherrschung des Mittelalters auf dem künstlerischen Gebiete.

Auch hier sind den Ausführungen Pugin's Zeichnungen von seiner Hand beigegeben und insbesondere die Unterschiede, beziehungsweise die Gegensätze zwischen antiken, gothischen und modernen Leistungen mittels Nebeneinanderstellung gleichartiger veranschaulicht. Unter den modernen spielen die pseudo-gothischen die traurigste Rolle. Dem Aufleben der ächten Gothik steht in der That kaum etwas Anderes hindernder im Wege, als die falsche, welche durch Nachäffung von Aeußerlichkeiten der ächten auf die Masse der Nichtkenner spekulirt. Dieser Pfuschgothik ist auch noch hauptsächlich die Entstehung des Vorurtheils von der besonderen Kostspieligkeit der mittelalterlichen Kunstweise beigemessen. In Wirklichkeit ist das gerade Gegentheil wahr. Ein wesentliches Unterscheidungsmerkmal der gothischen Bauweise beruht eben darin, daß sie möglichst wenig Material beansprucht, indem sie die Massen in Glieder auflöst, sie gewissermaßen verflüchtigt; die Kostspieligkeit eines Bauwerkes aber ist unbestreitbar hauptsächlich durch die Masse des dazu erforderten Materiales bedingt. Schon der Umstand, daß der bekanntlich dem gothischen Style vorzugsweise eigene Spitzbogen, wie auch die demselben entsprechende Wölbung, weit weniger wuchtige Widerlager erfordern, als der halbkreisförmige Bogen, fällt in Bezug auf Kostenersparung für jenen Styl, und zwar entscheidend, in die Wagschale, da die landläufige Annahme, derselbe erheische ein reicheres Ornament als jeder andere Styl, der Begründung durchaus entbehrt. Es kommt aber noch der weitere Umstand hinzu, daß der Gothik die ganze Stufenleiter der Bogenformen zur Verfügung steht, was ihr zugleich jene Beweglichkeit und eine Elasticität verleiht, vermöge welcher sie, wenn es nur an der Hand des vollendeten Meisters nicht fehlt, am leichtesten jedem Bedürfnisse zu entsprechen im Stande ist.

Auch die stichhaltigsten Gründe reichen nicht aus, um Solche zu bekehren, die nicht bekehrt werden wollen. In diese Kategorie gehörten aber vor Allen diejenigen Architekten, welche nicht die Kraft in sich fühlten, der so bequemen Routine abzusagen und durch mühevolle, voraussichtlich zunächst vielfach von Mißerfolgen begleitete Studien sich die Bahn nach dem von Pugin gesteckten Ziele hin zu brechen. So streckte denn auch in England ein Theil der Modernisten keineswegs alsbald die Waffen; vielmehr erfolgten die heftigsten Angriffe auf den „fanatischen Neuerer", wobei es denn, wie gewöhnlich, an Mißverständnissen, unabsichtlichen und absichtlichen Verdrehungen, Uebertreibungen, ja selbst Verdächtigungen nicht fehlte. Theils zum Zwecke der Abwehr, theils zur größeren Klarstellung seiner Sätze, sowie um deren Probehaltigkeit nach allen Richtungen hin darzuthun, vor Allem aber, um denselben immer mehr Eingang in das Volksbewußtsein zu verschaffen, sie zu popularisiren, ließ unser Meister, ungeachtet der steten Zunahme seiner praktischen Thätigkeit, seine Feder nicht ruhen. Im Jahre 1843 veröffentlichte er eine Schrift unter dem Titel: Eine Apologie für die Wiederbelebung der christlichen Kunst in England (An Apology for the Revival of christian Architecture in England), die zugleich zeigen sollte, wie er seinen Lehren auch die That entsprechen zu lassen wisse. Es bekunden dieß die Abbildungen von nicht weniger als 25 zum Theil großartiger, von ihm entworfener und unter seiner Leitung vollendeter oder noch in der Ausführung begriffen gewesener Bauwerke, die sich auf dem Titelblatte zu einer wirkungsvollen Gruppe zusammengestellt finden. Im Texte, welchem abermals Parallel-Abbildungen gothischer und moderner Erzeugnisse eingefügt sind, wird zunächst der innere Zusammenhang der mittelalterlichen Kunstsprache mit dem Grundwesen des Christenthums näher dargelegt. Wie die christlichen Satzungen kosmopolitischer Natur sind, so eignet sich auch jene Sprache, vermöge ihrer unbegrenzten Bildungsfähigkeit, für alle Länder und Zeiten; sie ist unerschöpflich in der Erzeugung von Dialekten, je nach der Eigenthümlichkeit der Völker und der Zeitalter, welchen sie zu dienen hat. Unsere heutigen Bedürfnisse anlangend liefert Pugin durch Wort und Bild den augenfälligen Nachweis der zuvor schon gedachten Aufstellung, daß die Gothik auch solchen Aufgaben vollkommen gewachsen ist, welche während des Mittelalters ihr nicht gestellt wurden und werden konnten. Auf das Energischste weist er dann noch den ihm gemachten Vorwurf zurück, daß ihm für die Schönheit der vorchristlichen, insbesondere der griechischen Kunst das Verständniß fehle, eine Anklage, welche auch heutzutage noch gegen Diejenigen erhoben zu werden pflegt, welche an den antikisirenden Fehlgeburten der academisch gebildeten Künstlerschaft sich zur Bewunderung nicht zu erheben vermögen. Grenzte es nicht so nahe an das Spaßhafte, so müßte es den Unwillen aller vorurtheilsfreien Kenner erregen, wenn die Erzeuger und die Lobredner dieser Fehlgeburten, hinter den hohen Gestalten der altgriechischen Meister sich bergend, in deren Namen Solche

anzufeinden sich unterfangen, die selbstlos ihre Kraft daran
setzen, um der so tief gesunkenen, an Experimenten aller Art
sich erschöpfenden Kunstübung neues, frisches Leben einzu=
flößen, unsere Gegenwart den glänzenden Kunstperioden der
vorchristlichen und der christlichen Vergangenheit wieder eini=
germaßen ebenbürtig zu machen.

III.

Der Abfall der Architektur von der christlichen Tradition
hat den der übrigen Künste, so weit dieselben zu der Archi=
tektur in Beziehung standen, nach sich gezogen. Selbst das
liturgischen Zwecken dienende Kirchengeräthe leistete der Rück=
strömung nach der Antike hin kaum Widerstand; die kunst=
reichsten Gefäße wanderten nach und nach in den Schmelz=
tiegel, um daraus im Geiste der dem neuheidnischen Style,
beziehungsweise dem Roccoco huldigenden „Renaissance"
verjüngt wieder hervorzugehen. Nicht minder mußte natür=
lich die sonstige Bildnerei darthun, daß jener Geist sie durch=
wehe, was denn namentlich durch anatomische und perspek=
tivische Kunststücke und möglichste Entkleidetheit der Figuren
(wohl zu unterscheiden von der idealen Nacktheit griechischer
Standbilder) bethätigt ward. Im Drange nach „Licht" und
freier Aussicht zerschlug man die prachtvollsten Farbenfenster,
zerstörte die Lettner — nicht selten Meisterwerke ersten
Ranges — entfernte die Triumphkreuze, übertünchte die be=
malten Wände, führte man, mit Einem Worte, einen förm=
lichen Vertilgungskrieg gegen alles, was einen gothischen
oder „altfränkischen", mithin barbarischen Charakter zu er=
kennen gab. Die unermüdliche Thätigkeit Pugin's erstreckte
sich auch über die vorbezeichneten Kunstgebiete; überhaupt
hatte er sich die Wiederbelebung des gesammten mittelalter=
lichen Kunstorganismus, die Herbeiführung des harmonischen
Zusammenwirkens aller künstlerischen und gewerblichen Fak=

toren zur Lebensaufgabe gesetzt. Wie Bedeutendes er nach
dieser Richtung hin schon zur Zeit des Erscheinens seiner
„Apologie", besonders im Bereiche der sogenannten Klein=
kunst, zu Stande gebracht hatte, ist aus der letzten der da=
rin befindlichen Bildtafeln zu ersehen. Dieselbe zeigt Kirchen=
geräthschaften in großer Zahl und verschiedenartige sonstige
Gebilde, welches alles in den aus dem Geiste Pugin's her=
vorgegangenen und von demselben belebten, dermalen in höch=
ster Blüthe stehenden Hardman'schen Kunstwerkstätten in Bir=
mingham geschaffen ward und in Bezug auf Formgebung,
Aechtheit des Materiales und Tüchtigkeit der Arbeit so ziem=
lich das Widerspiel der Machwerke bietet, womit unsere
Fabriken die Gotteshäuser zu verunzieren pflegen.

Pugin hat die mehrgenannte Schrift dem Grafen Shrews=
bury, dem letzten katholischen Repräsentanten des berühmten
Geschlechtes der Talbot, gewidmet, einem Edelmanne im
eminentesten Sinne des Wortes, welcher seinen Einfluß und
seine Glücksgüter, letztere mit fast verschwenderischer Groß=
muth, der nach jahrhundertelanger härtester Bedrängniß sich
in England wieder jugendfrisch erhebenden katholischen Kir=
chengemeinschaft zuwendete. Als Gast des edeln Lords,
von seinem, mittelalterliche Strenge mit den heutigen Anfor=
derungen des Comfort vereinigenden, großartigen Schlosse
Alton Towers aus, war es mir vergönnt, einen Ueberblick
über nicht wenige der unter seinem Patronate von Pugin
geschaffenen Bauten und Kunstwerke der verschiedensten Art
zu gewinnen. Alton Towers bildete sozusagen einen Brenn=
punkt der damals in England beginnender christlichen
Renaissance. Von hier aus erfolgte die Anregung und
flossen zum nicht geringen Theile die Mittel zur Errichtung
von Gotteshäusern, zu Bauten für Unterrichts= und Wohl=
thätigkeitszwecke, zu Zufluchtsstätten für Solche, welche die
Seelenstärke besitzen, allen Weltfreuden absagen zu können,
um allein Gott und den hülfsbedürftigen Nebenmenschen

zu dienen. Wie ermuthigend das ebengedachte Patronat für Pugin auch in Bezug auf sein Wirken in anderen Kreisen war, bedarf nicht erst der Darlegung; wohl aber verdient hier bemerkt zu werden, daß überhaupt der Aufschwung, welchen nicht allein die monumentale Kunst, sondern auch das Kunsthandwerk in England genommen hat, großentheils dem Seitens der höheren Gesellschaftsklassen dafür bethätigten Interesse beizumessen ist. Während man durchweg diesseits des Canales in den tonangebenden Kreisen die Kunst sattsam gefördert zu haben glaubt, wenn man irgend einem Bilderverloosungsverein beitritt, eine illustrirte Zeitung und ein Photographien-Album auf dem Salontische liegen hat, mitunter in einer Gemäldegallerie umherspaziert und die Winterabende bald im Theater, bald im Concert verbringt, erachten es im Allgemeinen die Engländer gleichen Ranges, die Handel und Industrie treibenden nicht ausgenommen, sozusagen für eine Ehrenpflicht, kein Geldopfer zu scheuen, um bedeutende Anstalten und Unternehmungen auf dem monumentalen und dem kunstliterarischen Gebiete zu ermöglichen, auch wenn ihnen persönlich keinerlei Vortheil oder Annehmlichkeit daraus erwächst. Hier, wie auf allen anderen Gebieten des öffentlichen Lebens, begegnen wir noch jenem lebendigen thatkräftigen Interesse am Gemeinwesen, welches die Städte, auch unseres Continentes, so mächtig und blühend gemacht hat, bevor die durch die Renaissance aufgekommene cäsaristische Staatsallgewalt mittels bureaukratischer Vielregiererei ihr Netz ausgespannt hatte. Wer sich eine Vorstellung davon machen will, wie weit ein Pugin es wohl auf deutscher Erde gebracht haben würde, möge die von mir veröffentlichten Briefe unseres gleichstrebenden, hochbegabten Meisters Georg Ungewitter zur Hand nehmen. An einem der zahlreichen Beispiele, welche dafür namhaft gemacht werden könnten, zeigt sich da, mit welcher geringschätzigen Gleichgültigkeit und mit welchen Hindernissen bei uns zu Lande

Solche zu kämpfen haben, die sich gedrungen fühlen, gegen den herrschenden, amtlich gehegten, geist= und charakterlosen Schlendrian vorzugehen.

Pugin's Stift und Feder kannten keine Rast; selbst im Eisenbahn=Waggon warf er Zeichnungen auf das Papier. Sein Feuereifer trieb ihn zum Sturmschritt gegen alles, was seinem Ideale entgegenstand; was immer in künstlerischer Hinsicht aus den Fugen gekommen war, sollte alsbald wieder eingerenkt, jedwede Unbill einer langen Vergangenheit ge= sühnt werden. So folgte denn u. A. der zuvor besprochenen „Apologie" sein Glossar für kirchlichen Schmuck und priester= liches Costüm (Glossary of ecclesiastical Ornament and Costume), mit Abbildungen nach alten Mustern, sozusagen auf dem Fuß, sowie ferner fast gleichzeitig eine Abhandlung über den damaligen Zustand der Baukunst in England (The present State of Architecture in England). In dieser Ab= handlung führte er früher von ihm Aufgestelltes näher aus und verfocht dasselbe gegen Angriffe und Mißverständnisse, an welchen es nicht fehlte. Das Glossar bezeichnete und geißelte die Ausartungen, welche die kirchlichen Trachten, na= mentlich durch den Einfluß des Roccoco, erlitten hatten; ganz insbesondere aber wendete es sich gegen die dem falschen Classicismus entsprossene Farblosigkeit des Innern der Gottes= häuser. Ihrer Grundidee nach sollen dieselben bekanntlich das in Farbenpracht strahlende himmlische Jerusalem nach Möglichkeit versinnbilden, und durfte denn auch, bis zum Beginnen der Renaissance=Periode hin, einer Kirche, welche auf Vollendung Anspruch machte, in allen ihren Theilen der Farbenschmuck nicht fehlen. Als durch den Einfluß des Gelehrtenthums, in Verbindung mit der Neuerungssucht der sonstigen Tonangeber, die Bewunderung der Antike an die Tagesordnung kam, ging man von der irrigen Annahme aus, die Alten hätten von ihren Marmor= und sonstigen Haustein=Bauten die Farbe ferne gehalten. Dazu gesellte

sich noch die Geringschätzung des Mittelalters, als einer
Zeit der Finsterniß und Barbarei, sowie ferner, zufolge des
Ueberhandnehmens des Naturalismus, das Hinschwinden
des Verständnisses für die Stylanforderungen der monu=
mentalen Decorations=Malerei, welcher man den Mangel an
perspectivischer und anatomischer Correctheit nicht verzieh.
So verfielen denn die damaligen Culturträger auf ein aller=
dings sehr einfaches Mittel, der modernen Aufklärung den
Sieg über das mystisch=hieratische Dunkel zu verschaffen,
indem sie nämlich die alten Farbenfenster einschlugen und
die bemalten Wände mit Kalk übertünchten. Weißer Stuck
und Lack gelangten in den gebildeten Kreisen mehr und mehr
als der Ausdruck raffinirter Eleganz zur Geltung. Kein
Wunder, daß die demzufolge in den öffentlichen Gebäuden
wie in den Privatwohnungen zur Herrschaft gelangende kalte
Eintönigkeit die Augen allem Bunten gegenüber fast krank=
haft empfindlich stimmte, daß entschiedene Farben in größeren
Massen dieselben geradezu verletzten, mithin als geschmacks=
widrig geächtet wurden.

Man kann wohl sagen, daß die Wiedereinführung der
Polychromie in das Bauwesen hauptsächlich der energischen
Befürwortung derselben durch Pugin zu danken ist. Da=
durch ward ein in der vorchristlichen Zeit, wie während
des Mittelalters, so blühend gewesener Kunstzweig, die höhere
Decorations=Malerei, zu neuem Leben erweckt, der künstlerischen
Thätigkeit ein weites Feld wieder eröffnet, auf welchem
gar Viele, die auf dem Gebiete der Staffelei=Malerei ein
kümmerliches Dasein fristen, indem sie mit ihren Productio=
nen den Bildermärkten nachziehen, oder von den Bilderspe=
culanten ausgenützt werden, die lohnendste Beschäftigung und
allgemeine, bleibende Anerkennung ernten können. Selbst
die seinem eigentlichen Berufe ferne liegende Kirchenmusik
zog Pugin in den Kreis seiner Agitation, indem er sich gegen
deren Verweltlichung erhob und für die Rückkehr zur Gre=

gorianischen Tonweise, als der allein der Würde des Gottes=
dienstes und dem Geiste der Liturgik entsprechenden, auf das
Entschiedenste eintrat.

Die unermüdliche Thätigkeit Pugin's nach Außen hin ist
um so bewundernswerther, als er mittlerweile in seinem
Familienleben schweres Leid zu tragen gehabt hatte. Im
Jahre 1844 war er zum zweiten Male Wittwer geworden.
Lord Shrewsbury eilte herbei, ihn zu trösten und der Bestattung
der hingeschiedenen Lebensgefährtin seines Freundes beizuwoh=
nen, welche in einer nach Pugin's Plan in Birmingham erbau=
ten Kirche erfolgte. Vorher war Pugin nach Ramsgate über=
gesiedelt, wo er sich ein Haus an der Meeresküste erbaute.
Wie an das Schloß des Grafen Shrewsbury, so knüpfen
sich für mich auch an diese, in ihrer Art nicht minder kunst=
reiche Wohnstätte des genialen Meisters überaus angenehme
und interessante Erinnerungen. Von seinen Hinterbliebenen
freundlichst darin empfangen, konnte ich dasselbe auf das Ge=
naueste in Augenschein nehmen. Von der früheren Liebhaberei
Pugin's für den Burgenstyl oder sonstige unpraktische mittel=
alterliche Eigenthümlichkeiten fand sich keine Spur. Viel=
mehr zeigte sich hier allerwärts die Gothik als das, was
sie, richtig verstanden und gehandhabt, wirklich ist und wäh=
rend ihrer Blüthezeit stets war, als die Architektur der
Zweckmäßigkeit in Bezug auf materielle Raumvertheilung,
Erleuchtung u. s. w., überhaupt als durchaus rationelles
Ergebniß des gesunden Menschenverstandes, wenngleich Alles,
bis zum Unscheinbarsten herab, das Gepräge der ästhetischen
Grundanschauungen des Mittelalters an sich trug. Wie
würde auch die gothische Profanarchitektur in so hohem
Maße bei den mehr als irgend ein anderes Volk auf
häusliche Behaglichkeit Werth legenden Engländern sich haben
einbürgern können, wenn dieselbe einen Verzicht auf diese
Behaglichkeit irgendwie erforderte? Freilich bedarf es einer
vollständigen Beherrschung des gothischen Styles auf Seiten

des Architekten, um den besonderen Anforderungen unserer Gegenwart genügen zu können, ohne dem Wesen jenes Styles untreu zu werden.

Unmittelbar neben seiner Wohnung legte Pugin zugleich den Grundstein zu einer dem heiligen Augustinus gewidmeten Kirche, in der Absicht, dieselbe auf eigene Kosten zu vollenden. Sein Enthusiasmus für die Sache der Religion und der Kunst ließ ihn nicht erst näher erwägen, ob die ihm zu Gebot stehenden, zufolge seiner Opferwilligkeit auch sonst noch vielfach in Anspruch genommenen materiellen Mittel zu einem so großartigen Unternehmen sich als ausreichend erweisen würden.

Aus mehr als einem Grunde hatte Pugin sich längst schon zu einer Reise nach Italien gedrungen gefühlt; im Jahre 1847 befand er sich endlich in der Lage, dieselbe antreten zu können. Die Eindrücke, welche er in dem Schicksalslande empfing, von welchem aus so viel Heil und so viel Unheil über die Welt ergangen ist, waren sehr gemischter, ja sich einander geradezu entgegenstehender Art. Insbesondere vermochte seine unbegränzte Verehrung des Hauptes der Christenheit nicht eine günstige Stimmung für die äußere Erscheinung der ewigen Stadt in ihm zuwege zu bringen. Was dort der gewöhnliche Tourist, um „gebildet" zu erscheinen, vor Allem bewundern zu müssen glaubt, selbst die Sixtinische Capelle nicht ausgenommen, erfüllte ihn mit einer Mischung von Wehmuth und Bitterkeit. In besonders hohem Maße war dieß hinsichtlich des St. Petersdomes der Fall, welchem die ehrwürdigste, die bedeutungsvollsten Vorgänge und Erinnerungen der Christenheit bergende Basilika des Apostelfürsten Platz machen mußte, als die Neuerungssucht hervorragender, durch den Glanz der antiken Herrlichkeit geblendeter Repräsentanten von Kunst und Wissenschaft gegen die altkirchlichen Traditionen zu Felde zog. Bezeichnend für den Geist, welchem die Bramante, San Gallo und

Michelangelo, zweifelsohne in gewissem Betracht unwillkürlich, durch ihre Planirung jenes Domes Ausdruck und Nahrung verliehen, ist die Thatsache, daß der Engländer Christopher Wren, der Begründer des Freimaurerthums, sich denselben als Muster für die von ihm in London zu erbauende protestantische St. Paulskirche aussersah. Natürlich fanden die übrigen neueren, ebenwohl dem St. Petersdome, hier mehr, dort weniger glücklich nachgebildeten Kirchen und die den Geist des Vitruvius kundgebenden sonstigen Bauwerke Roms in noch geringerem Maße Gnade vor den Augen unseres Gothikers. Wenn er in seinen Briefen aus Italien die eben bezeichnete Gattung von Bauten in vielleicht allzu starken Ausdrücken verurtheilte, so findet dieß wohl eine Entschuldigung darin, daß dieselben nicht bloß zu unzähligen Fehlgriffen von weit schlimmerer Art, sondern auch zu wahrhaft empörenden Zerstörungen und Verstümmelungen der herrlichsten Schöpfungen mittelalterlicher Meister Anstoß gegeben, überhaupt vorzugsweise die Aera der Pseudo-Antike und des Zopfthums eingeleitet haben. Anderem in Rom zollte er seine, freilich nicht ganz selten durch Nebenbetrachtungen etwas herabgestimmte Bewunderung. So schreibt er beispielsweise in einem jener Briefe: „Die alten Basiliken sind höchst interessant, und wenn man den heiligen Stätten nicht einen so elenden, modernen Anstrich gegeben hätte, so würde man sich alle die wunderbaren, mit den ersten christlichen Zeiten verwachsenen Begebenheiten in ihnen vergegenwärtigen können; — aber wie ist es möglich, eine Vorstellung von dem Wohnsitze des heiligen Petrus zu gewinnen, wenn wir ein Ding sehen gleich einer Seitencapelle von Versailles oder die Reliquien eines Heiligen in einer Art von Blumentopf?"

Während der Blüthezeit der Gothik hatten die Päpste bekanntlich leider ihren Aufenthalt in Avignon, wo ein streng gothischer Palast ihnen als Residenz diente; die Stadt Rom war eine Beute ehr- und geldsüchtiger Unruhstifter, deren

Verwüstungen demnächst im Großen und Ganzen nur Reparaturbauten gestatteten. So fand in Rom mehr als in irgend einer anderen italienischen Stadt die Renaissance freies Feld und konnten die Neuerer, als die Geldquellen wieder reichlich zu fließen begannen, an die Verwirklichung ihrer antikisirenden Ideale gehen, wobei denn auch zugleich vielfach die erwünschte Gelegenheit sich bot, mit den immer noch in ziemlicher Zahl vorhandenen mittelalterlichen Architekturwerken aufzuräumen, oder dieselben doch mindestens zeitgemäß umzugestalten. Hiernach erklärt es sich, daß das übrige, namentlich das nördliche Italien dem Geiste Pugin's ungleich mehr Willkommenes, ja mitunter die köstlichste Nahrung darbot. Die germanische, von den italienischen Renaissancisten durch das Beiwort „gothisch" als barbarisch gekennzeichnete Kunstsprache hatte sich jenseits der Alpen wie in vielen anderen nichtdeutschen Ländern unter dem Einflusse des denselben eigenen Klimas, Materiales, sowie sonst noch in Betracht gekommener Verhältnisse gewissermaßen zu besonderen, den gemeinsamen Grundtypus indeß nie und nirgendwo verläugnenden Dialekten gestaltet. Von dieser in vollendet künstlerischer Form sich kundgebenden harmonischen Einheitlichkeit in der Verschiedenheit fand Pugin sich mächtig angeregt; die mittelalterlichen Schöpfungen, welchen er in Assisi, Perugia, Arezzo, Cortona und gar vielen sonstigen Orten begegnete, besonders auch in Florenz, dem Orte, wo zuerst das Signal zum Abfall von der glorreichen Vergangenheit gegeben worden ist, erfüllten ihn mit Bewunderung. „Ich befinde mich in einer Goldgrube mittelalterlicher Kunst," schrieb er unter Anderem von Florenz aus an den Grafen Shrewsbury, „die Farbenfenster von Santa Croce sind vollendet schön; die Fresken des Fra Angelico bezaubern mich; Italien ist doch an ächtchristlicher Kunst noch ein überaus reiches Land; die Sacristeien sind voll von gothischen Schreinen, Reliquiarien, Kelchen u. s. w."

Obgleich Pugin auch in Rom selbst mit oft recht herbem Freimuth die dort herrschend gewordene Kunstrichtung als eine beklagenswerthe Verirrung bezeichnet hatte, ließen ihn dieß die hohen Würdenträger der Kirche nicht entgelten; vielmehr wurden ihm Seitens mehrerer derselben Auszeichnungen zu Theil; namentlich erwies auch der Papst sich ihm huldvoll, wie er dieß u. A. dadurch bethätigte, daß er den so strengen Kritiker seiner Weltcathedrale in der Abschiedsaudienz mit einer goldenen Medaille beschenkte.

Nach seiner Rückkehr aus Italien schloß Pugin (am 10. August 1848) mit einer für die christliche Kunst begeisterten Dame aus angesehener Familie, der Miß Knill, seine dritte Ehe, bei welcher Veranlassung ihm aus den hohen Kreisen der Gesellschaft, worin sein Wirken vorzugsweise Anerkennung fand, Glückwünsche ermunterndster Art zugingen.

Die Erschütterungen des Jahres 1848 ergriffen Pugin tief, entmuthigten ihn aber so wenig, wie seinen, nicht bloß durch ein gleiches Streben auf dem Kunstgebiete enge mit ihm verbundenen Freund, den Grafen Montalembert, welcher unmittelbar nach dem Ausbruche der Revolution ihm die Worte schrieb: „Was immer auch kommen möge, der Allmächtige wird wissen, wie er seine Kirche gegen die Wuth ihrer Feinde und gegen ihre falschen Freunde zu schützen hat." Damals schon scheint der edle Vorkämpfer für alles Hohe und Schöne im Christenthum sich mit der Ahnung getragen zu haben, daß die Letzteren, deren mehrere sein Vertrauen zu gewinnen gewußt haben, der Kirche schmerzlichere Wunden schlagen würden, als ihre offenen Feinde.

IV.

Obgleich Pugin während des Jahres 1851 durch die Londoner Weltausstellung, bei welcher er als Mitglied der

Abtheilung für die schönen Künste fungirte, gar sehr in Anspruch genommen war, fand er doch noch Zeit zur Ausarbeitung und Veröffentlichung eines seiner Hauptwerke, einer Schrift über Lettner und Triumphkreuze (A Treatise on Chancel-screens and Rood-lofts), deren Titelblatt das bezeichnende Motto führt: Ne transgrediaris terminos, quos posuerunt patres tui (Wolle nicht die von den Vätern gesetzten Schranken überschreiten!). Der Lettner ist eine Querbühne zwischen dem Chor und dem Schiffe einer Kirche; an denselben reihen sich die den Chor im übrigen einschließenden Schranken; die Bezeichnung „Lettner" rührt daher, weil auf beiden Seiten der Bühne Lesepulte (lectoria) sich befanden, von welchen herab die Epistel und beziehungsweise das Evangelium verlesen wurden. Ueber dieser Bühne hing an dem Schlußstein des den Chor vom Schiffe trennenden sogenannten Triumphbogens ein mächtiges Crucifix, das Triumphkreuz, mit den Symbolen der Evangelisten an den vier Enden der Kreuzesarme. Entweder auf dem Lettner oder auf einem zwischen den Triumphbogen am Fuße des Crucifixes gespannten Querbalken waren zu beiden Seiten des gekreuzigten Heilandes die Standbilder der Gottesmutter und des Evangelisten Johannes aufgerichtet.

Zufolge der Verwüstungen, womit die letzten Jahrhunderte das Innere unserer Kirchen heimgesucht haben, sind fast allerwärts die Katholiken dermaßen jenes Theiles ihrer Ausstattung entwöhnt worden, daß sie eine möglichst freie Aussicht auf den Hochaltar geradezu als ein Erforderniß oder doch mindestens als einen besondern Vorzug der Construction einer Kirche zu betrachten pflegen. Man sollte glauben, gegen diese Verirrung müßte schon die bloße Erwägung schützen, daß dieselbe eine Verurtheilung der durch alle christlichen Jahrhunderte sich hinziehenden Mehrschiffigkeit unserer Gotteshäuser in sich schließt, deren einzelne, wie z. B. die Antwerpener Cathedrale, nicht weniger als sechs

Nebenschiffe zählen, von welchen aus nicht auf den Hoch=
altar gesehen werden kann. Wenn die Gegner der Lettner
Recht hätten, so wäre die innere Anordnung eines Theaters
oder eines Anatomiegebäudes die dem katholischen Cultus
am meisten entsprechende. Mag man aber auch dieß mehr
äußerliche Moment als nebensächlich außer Betracht lassen
zu können glauben, jedenfalls werden die von Pugin dar=
gelegten inneren Gründe für die Unabweisbarkeit der Chor=
schranken, bei vorurtheilsloser Würdigung derselben, als
durchschlagend angesehen werden müssen. In eingehendster
Weise thut er dar, wie es sich hier keineswegs um eine
bloße Styl= oder gar nur um eine Geschmacks-Frage handelt,
wie vielmehr die Natur des katholischen Gottesdienstes und
der am Altare gefeierten, scheue Ehrfurcht erheischenden,
heiligen Geheimnisse, wie endlich das Verhältniß der Prie=
sterschaft zu den Laien eine äußere Abscheidung des Chores
von den Schiffen, sowie in Bezug auf die Nebenaltäre eine
gewisse Trennung derselben vom Publikum durch Seiten=
vorhänge und Schranken gebieterisch erfordern. Gestützt auf
die Geschichte, sowie auf Beispiele aus allen christlichen
Jahrhunderten und Ländern, ruft er für seinen Satz eine
mehr als tausendjährige Tradition an, mit welcher allererst
der dem Heidenthume zugewendete Modernismus, bald mehr,
bald weniger bewußt, gebrochen habe. Ueber 60 Lettner
aus romanischen und germanischen Ländern werden be=
schrieben und dabei insbesondere dem, selbst von namhaften
Kunstgelehrten gehegten Vorurtheile begegnet, als ob die in
Rede stehende Einrichtung auf bischöfliche Collegiat= und
Ordenskirchen, in welchen ein besonderer Chorgottesdienst
stattzufinden hat, beschränkt gewesen sei. Dem prächtig aus=
gestatteten Werke sind 14 Tafeln mit 33 verschiedenen Ab=
bildungen angefügt. Auf der fünften Tafel erblickt man
den mit 21 Statuetten geschmückten, vom Triumphkreuze
und den oben gedachten beiden Figuren Maria's und des

hl. Johannes überragten, höchst kunstreichen Lettner, welcher vor wenigen Jahren noch eine Hauptzierde des Domes zu Münster in Westphalen war. Gewiß wäre die nicht genug zu beklagende, lediglich der vom Publikum gewünschten freieren Aussicht auf den Hochaltar zulieb stattgefundene Zerstörung dieses, dem Vandalismus der Wiedertäufer wie durch ein halbes Wunder entgangenen Kunstdenkmales unterblieben, wenn die Betreiber derselben sich zuvor mit der Abhandlung Pugin's, insbesondere mit demjenigen, was er auf S. 33 und 34 über den Dom zu Münster sagt, bekannt gemacht hätten. Als eine Art von Sühne für den so bedauerlichen Mißgriff mag es gelten, daß die dem Kölner Dome vorgesetzte geistliche Behörde bei dem Ausschreiben einer Concurrenz zum Zwecke der Erlangung von Plänen für dessen innere Ausstattung einen Lettner nebst einem Triumphkreuze in das betreffende Programm aufgenommen hat.

In vier Capiteln läßt Pugin den calvinistischen, den heidnischen, den revolutionären und den modernen Lettnerzerstörer (Ambonoclast) an uns vorüberziehen, indem er historisch treu auf das Ergreifendste bezügliche Verwüstungen im Inneren einzelner Kirchen durch sectirerische und revolutionäre Fanatiker schildert. Sodann werden aber auch jene wohlmeinenden Katholiken, die aus Unverstand, oder um der sogen. öffentlichen Meinung ein Genüge zu thun, die geweihten Stätten verunehren, von ihm nichts weniger als schonend behandelt. Seine schneidigen, mitunter gegen bestimmte Personen gerichteten Sarkasmen wurden um so tiefer empfunden, als ihnen durchweg Wahrheit zum Grunde lag; und so erhoben sich denn nicht Wenige, um ihn mit gleicher Schonungslosigkeit zu befehden. Daß unter letzteren auch wahrhaft gläubige und sehr achtungswerthe Confessionsgenossen sich befanden, schmerzte ihn tief und trug nicht wenig dazu bei, den Abend seines Lebens zu verdüstern.

Es ist nicht leicht, als Dritter, die Wagschale in der Hand, mit voller Unparteilichkeit die Gränzlinie zu ziehen, innerhalb welcher eine Polemik der vorgedachten Art sich zu halten hat, um nicht den Vorwurf blinder oder doch allzu rücksichtsloser Leidenschaftlichkeit zu verdienen. Ohne jedes von Pugin niedergeschriebene Wort gutheißen und behaupten zu wollen, daß sein Eifer ihn niemals zu weit geführt habe, meine ich, daß der Spruch eines billigen, die Umstände in ihrem Zusammenhange ruhig erwägenden Kampfrichters nicht gegen ihn ausfallen kann. Bevor man einen Stein auf Pugin wirft, vergegenwärtige man sich, wie er, der all sein Wissen und Können nicht bloß, sondern sein ganzes Besitzthum, ja man kann wohl sagen, sein Herzblut für die Sache der christlichen Kunst einsetzte, gewahren mußte, daß, seinen begründetsten Mahnungen zum Trotz, nach wie vor nicht bloß Modeflitter, zopfiger Firlefanz, gleißende Dutzend= waare aus schlechtem Materiale, Papierblumen und sonstiges Blendwerk Gotteshäuser bis zu den Altären hin verun= zierten, daß die Majestät des liturgischen Rituals durch opernartige Aufführungen übertönt ward, sondern daß selbst die positivsten Grundregeln für die Construction und die Einrichtung von Kirchen nicht selten kleinlichen Interessen oder dem persönlichen Geschmacke irgend eines dilletantistischen Ortsgeistlichen oder Geschenkgebers weichen mußten. Hört man doch nicht ganz selten noch heutzutage selbst an maß= gebender Stelle äußern, daß es auf das Urtheil der Kenner weniger ankomme, als auf die Wünsche der andächtigen Menge, daß jedweder Styl sein Gutes und Schönes habe, mithin eine gewisse Abwechselung sich empfehle, daß man bei der Auswahl des Künstlers vor Allem auf dessen Ge= sinnung, wenn nicht gar auf dessen Ortsangehörigkeit, und was dergleichen mehr ist, zu sehen habe! Wenn solche Wahrnehmungen denjenigen, welcher die Herstellung der Reinheit und der Würde des kirchlichen Cultus sich zur

Lebensaufgabe machte, nicht bloß tief schmerzen, sondern auch
erbittern und Zornausbrüche zuwege bringen, so mag dieß
allerdings dem christlichen Ideale nicht entsprechen; allein
ganz gewiß wird selbst der strengste Richter nicht den Stab
darüber brechen können, zumal wenn er noch in Betracht
zieht, daß keinerlei Enttäuschung und Mißerfolg unsern
Meister von der Verfolgung seines Zieles abwendig zu
machen vermochte, daß er vielmehr immer weiter und tiefer
grub, um den Wurzeln der sich ihm entgegenstellenden Hin=
dernisse beizukommen. Zu letzterem Zwecke, zugleich wohl
auch um die Gemüther auf die herben, demnächst auszu=
sprechenden Wahrheiten vorzubereiten und sie dafür möglichst
empfänglich zu stimmen, hatte er der Schrift über die
Lettner eine Abhandlung unter dem Titel: Der gegenwärtige
Zustand des öffentlichen Gottesdienstes unter den römischen
Katholiken (The present State of public Worship among
the Roman Catholics) vorangeschickt. Die Natur des Stoffes
brachte es hier mit sich, daß er mitunter das Gebiet der
Theologie betrat. Kirchenfeindliche Tendenzschriftsteller können
sich unbedenklich mit dieser so schwierigen Wissenschaft befassen,
da sie des Beifalles des glaubenslosen Haufens, auf welchen
sie speculiren, um so sicherer sind, je mehr ihre bezüglichen
Aufstellungen der Begründung entbehren. Anders bei Pugin,
der überdieß zu erwarten hatte, daß seine Gegner auf dem
Kunstgebiete, die zum Theile wenigstens bessere Theologen
als Aesthetiker waren, ihn scharf überwachen würden. Aus
seinem Munde vernahmen wir, wie er der Kirche nicht um
der Kunst willen sich zugewendet, wie er vielmehr die
Schönheit um der daraus hervorleuchtenden Wahrheit
willen geliebt hat. Nicht bloß die auch von seinen bittersten
Gegnern unangefochten gebliebene Lauterkeit seines Lebens=
wandels legte hiefür Zeugniß ab, auch die Gesammtheit
seiner Schriften bekundet eine streng kirchliche Richtung. Be=
sonders trat dieß auch noch aus Anlaß eines Begebnisses her=

vor, welches in der neueren Kirchengeschichte sozusagen einen Wendepunkt bildet. Als Papst Pius IX. im Jahre 1851 die katholische Hierarchie in England wieder herstellte, forderte Pugin in einem feurigen Aufrufe seine katholischen Landsleute auf, sich des so bedeutungsvollen Aktes würdig zu erweisen, insbesondere durch ehrerbietigen Gehorsam gegenüber den ernannten Bischöfen und durch reichliche Opfergaben zum Zwecke einer würdevollen Selbständigkeit des Klerus; vom Staate solle man nichts verlangen, um die Freiheit der Kirche rein und ungeschmälert zu erhalten. Durch eine reichliche Spende ging er selbst mit einem guten Beispiele voran.

Das Alles entwaffnete indeß die Heißsporne unter seinen Widersachern nicht, deren Hauptarsenal die Theologie bildete. Am unerbittlichsten erwiesen sich auch damals schon solche Halbtheologen aus dem Laienstande, die, statt die erklärten Feinde der Kirche thatkräftig zu bekämpfen, einen besonderen Reiz darin fanden, der von Gott im Episcopate bestellten lehrenden Kirche ihre Assistenz zu leihen und die Autorität derselben mittels Geltendmachung ihrer eigenen gegen Diejenigen, die ihre Meinungen nicht in allewege theilten, zu vertheidigen, was denn bekanntlich leicht zu einer Verwechselung der letztgedachten Autorität mit ersterer führt. In der Hitze des Streites wurde geradezu Pugin's Rechtgläubigkeit angefochten. Einer eingehenderen Darstellung dieser bedauerlichen Episode glaube ich mich überheben zu können. Die unerquicklichen Zänkereien, in welchen kein Theil das rechte Maß zu halten wußte, der Weisheitsspruch: In omnibus caritas, das Gebot wechselseitiger Duldung, zumal unter Glaubensgenossen, die Achtung vor dem, bis zum klaren Beweise des Gegentheils stets zu vermuthenden guten Willen des Widerparts nicht selten allzusehr aus den Augen verloren wurden, sind längst verklungen — heute zweifelt wohl Niemand mehr im Ernste an der Katholicität

Pugin's nach allen Richtungen hin. Vielleicht darf noch der Rath hier Platz greifen, aus solchen Vorkommnissen eine Lehre zu entnehmen, dieselben praktisch zu verwerthen. Wendet sich doch auch zur Zeit noch hier und dort frommer Eifer, statt gegen die von allen Seiten her andringenden erklärten Feinde des Christenthums, gegen Solche, die in allem Wesentlichen Verbündete sind, weil dieselben in untergeordneten, oder zweifelhaften, oder vom Wechsel der Zeiten bedingten Fragen irren, vielleicht nur zu irren scheinen!

In weit größerem Maße, als die vorstehende Nutzanwendung in sich schließt, geben die Conjuncturen unserer Gegenwart Anlaß zum Zurückkommen auf den Inhalt des oben gedachten Aufrufes (Earnest Address on the Establishment of the English Catholic Hierarchy), welcher bei seinem Erscheinen den lautesten Beifall einerseits und die lieblofeste Splitterrichterei anderseits im Gefolge gehabt hat. Zu meinem Bedauern gestattet der Rahmen gegenwärtiger Schrift nur eine flüchtige Skizzirung derselben, etwa noch die Mittheilung einzelner besonders charakteristischer Stellen.

Den Aufruf eröffnet eine Hinweisung auf die frühere Stellung der Kirche in England und die Verhältnisse zur Zeit des Abfalles des größten Theiles seiner Bewohner von Rom, welchen Pugin hauptsächlich der Entartung der damaligen Hierarchie, ihrem Mangel an Widerstandskraft gegen das heillose, tyrannische Vorgehen Heinrichs VIII. beimißt. Diejenigen, welche nächst Gott vor Allem den Katholiken Englands Schutz für ihren Glauben und die damit zusammenhängenden Einrichtungen zu gewähren hatten, sie gerade seien es gewesen, welche aus Furcht vor einem Tyrannen und aus Besorgniß für ihr leibliches Wohl sozusagen mit einem Schlage der Staatsgewalt die englische Kirche preisgaben, sie, die bei ihrer Consecration feierlich gelobt hatten, die Freiheiten und das Recht der Kirche bis auf das Aeußerste zu vertheidigen. Nicht durch die Stimme des Volkes, sondern durch eine feierliche Versammlung von Würdenträgern der Kirche sei der königliche Wüstling zum Oberhaupte der Kirche Englands erklärt, die Kirche und das gläubige Volk geopfert worden. Nur ein ehrwürdiger Prälat sei unbeugsam geblieben, bis zum Blutgerüste hin, wo er die Martyrerkrone empfangen habe. „Wer kann sich darüber wundern", fragt dann Pugin, „daß müßige und eifrige Prädicanten, obschon Verkünder falscher Lehren, die Völker der Religion ihrer Väter abwendig zu machen vermochten, wenn dieselben von ihren Hirten so grausam verlassen wurden? — — So lange die Priesterschaft das Volk unterrichtet und für seine geistlichen Bedürfnisse sorgt, können Häresien nicht entstehen oder gedeihen." So sei es denn Pflicht eines jeden Katholiken, fährt Pugin fort, in jeder Weise, insbesondere durch Opferwilligkeit dazu mitzuwirken, daß die erste freie Hierarchie, die seit den apostolischen Zeiten unter der Herrschaft eines nichtkatholischen Monarchen ihre Entstehung gefunden habe, durch keinerlei gesetzliche Beschränkung in ihrer Wirksamkeit gehindert, daß der Kreislauf von dem Centrum der Kirche nach den Extremitäten hin und zurück ein durchaus freier bleibe, daß die geistlichen Würdenträger niemals wieder mit ministeriellen Intriguen in Berührung kommen oder in den Vorzimmern der Großen Begünstigungen zu erwirken suchen. Mögen die Bischöfe, aller weltlichen Macht entkleidet, aller Privilegien baar, dem gemeinen Rechte des Landes unterworfen sein, für den Katholiken bleiben sie immerdar in allen geistlichen Dingen die Verwalter der göttlichen Autorität auf Erden, die Hirten und Führer der Seelen, die Väter der Armen. Darum gelte es, in ihre Hände die zeitlichen Mittel zu legen, den Bedürfnissen ihrer Kirchen durch fortwährende Opfer zu entsprechen, um sie zu befähigen, in vollem Maße die Segnungen der Religion nach allen Richtungen hin auszugießen. Der Erfolg dessen, was der heilige Vater für die Katholiken Englands gethan habe, hänge von deren Bemühungen, von ihrer opferwilligen Hingebung ab; entsprächen sie ihrer so heiligen Pflicht, so stehe, wenn auch in weiter Ferne, ein Reich katholischer Herrlichkeit in Aussicht, welchem gegenüber der Glanz des Mittelalters erbleiche. „Ich wollte", so heißt es gegen den Schluß des Aufrufes hin, „wir wären aller Derjenigen ledig, die, während sie den Namen von Katholiken beibehalten, die Kirche an die Staatstyrannen verrathen wollen; aller Derjenigen, welche, jenen Namen führend, die Hirten betrüben und den Gläubigen Aergerniß geben, indem sie die Sacramente der Kirche verschmähen; aller Derjenigen, deren Leben diesem Namen nicht entspricht, die ihre Einkünfte in weltlicher Eitelkeit vergeuden, die Kirche und ihre Diener vernachlässigen, die Gotteshäuser dem Verfalle überlassen. Ich wollte, wir wären aller Jener ledig, die den Namen von Katholiken tragen, aber in stumpfer Gleichgültigkeit nicht daran denken, ihre eigenen Seelen und die ihrer Kinder zu retten, die niemals bereit sind, an einem guten Werke sich zu betheiligen; auch aller Derjenigen endlich, welche die Religion verunehren, indem sie dieselbe mit heidnischen und elenden Aeußerlichkeiten umkleiden, die den Geschmack der verderbtesten Periode aus dem Continente in ein Land einführen, welches der reinsten katholischen Tradition voll ist. Alle solche Männer sind Hemmnisse der Wiederbelebung des Glaubens und der denselben abspiegelnden christlichen Kunst. Wenn irgend eine Veranlassung zu erdenken wäre, die sich dazu eignete, örtliche Vorurtheile, Parteigefühle und unwürdige Spaltungen zu beseitigen, so ist es die Wiederherstellung des kirchlichen Regiments und die Vereinigung ihrer Bruchstücke zu einer wirklichen Kirche, — — die Einsetzung dieser englischen Hierarchie, die in aller Freiheit, Ehre und Würde zu erhalten eine der wichtigsten Aufgaben unseres Lebens sein sollte — in saecula saeculorum. Amen."

Die Empfindungen und Rathschläge, welchen Pugin bei

der Herstellung einer hierarchisch gegliederten Ordnung auf englischem Boden in so beredter Weise Ausdruck gab, erscheinen gewiß nicht minder beherzigenswerth, wenn eine solche Ordnung durch die Staatsgewalt gesprengt wird, wenn der Geist der Zerstörung über die Schöpfungen des christlichen Glaubens, der christlichen Liebe und Barmherzigkeit dahinfährt, wenn Machthaber in dem Bewußtsein, daß die Kirche im Kampfe mit den Waffen des Geistes unbesiegbar ist, mittels der ihnen zu Gebot stehenden mechanischen Kräfte ihr Wirken unmöglich zu machen, ihre Lebensadern zu unterbinden oder zu zerschneiden suchen. Wenn jemals, so gilt es auch dann, „örtliche Vorurtheile, Parteigefühle und Spaltungen zu beseitigen", überhaupt in christlicher Hingebung die Wunden möglichst zu heilen, welche die Gewalt schlägt, und in männlicher Thatkraft die Wege offen zu halten oder zu öffnen, auf welchen bessere Zeiten wieder einziehen können.

Im Laufe seiner „Ernsten Adresse" ruft Pugin aus: „Ich fürchte nicht unsere Feinde, nicht unsere Verleumder, nicht die Tyrannei von Staatsmaßregelungen — ich hege nur eine Furcht: ich fürchte uns selbst." Wenn Pugin noch lebte, mit welcher freudigen Genugthuung würde ihn die Wahrnehmung erfüllen, würde er zugestehen, daß diese Furcht eine unbegründete war, daß seine katholischen Landsleute nicht bloß ihren Bischöfen und Priestern eine würdige Existenz gewähren, daß sie in nicht zu ermüdender Opferwilligkeit Bildungsanstalten aller Art, Zufluchtsstätten für alles menschliche Elend gründen, denselben das Gepräge ächtchristlicher Kunst verleihend, sondern daß sie überdieß auch noch bedrängten, gegen die physische, mit liberal angestrichenem Servilismus verbündete Gewalt ankämpfenden Glaubensgenossen über das ihr Inselreich umgebende Meer hinweg helfend die Hand reichen!

Wie bereits angedeutet, blieb der Aufruf, trotz der enthusiastischen Hingebung an die Sache der Kirche, welche derselbe athmet, nicht unangefochten. Einige starke, nicht vorsichtig genug abgewogene Ausdrücke über geschichtliche Vorkommnisse, namentlich aber eine Unrichtigkeit in Betreff der Weihen der anglikanischen Geistlichkeit, dienten übereifrigen Wächtern der Orthodoxie als Zielscheibe. Statt bloß einfach Unrichtiges zu berichtigen, wendeten dieselben ihre Angriffe auch gegen die Person Pugin's und dessen vermuthliche Tendenz. Durch diese Angriffe, zum Theil wenigstens, dazu veranlaßt, faßte Pugin den Plan zu einer umfassenderen Schrift über die Ursachen der Reformation in England, zu welcher der Prospectus gedruckt ward, aber nicht in den Buchhandel kam. Die Schrift sollte den Titel führen: Eine Apologie für die getrennte Kirche von England seit der Regierung Heinrichs VIII. (An Apology for the separated Church of England since the reign of Henry VIII.) und hauptsächlich auf die Vereinigung der anglikanischen mit der römisch-katholischen Kirche hinwirken. Es lag dabei nicht entfernt in seiner Absicht, der kirchlichen Autorität gegenüber Stellung zu nehmen; vielmehr hatte er ausdrücklich seine Bereitwilligkeit erklärt, ohne Weiteres alle Aeußerungen zurückzuziehen, welche von competenter Seite her als irrgläubig oder an Irrgläubigkeit streifend bezeichnet werden möchten. Ueberhaupt führte er nur Krieg um des Friedens willen, insbesondere auch um des Friedens mit den im christlichen Glauben Getrennten willen; nur wollte er den Frieden auf eine feste, principielle Basis, nicht auf Halbheiten gegründet wissen. Streitsucht war ihm fremd, wie er dieß im täglichen Verkehr und durch seine warme Theilnahme am Weh seiner Mitmenschen, nicht bloß seiner Freunde, kundgab. Die letzten Worte, welche er für die Oeffentlichkeit niedergeschrieben hat, lauteten: Pax omnibus. Amen.

Den Frieden, wonach sein Sehnen und Streben ging, sollte Pugin indeß hienieden nicht finden. Die Hülle erwies sich als zu schwach für den Feuergeist, welcher dieselbe belebte; übermäßige, ununterbrochene Anspannung der Nerven, Seelenschmerz über Verkennung seiner Absichten, nicht selten gerade Seitens Solcher, von welchen er vorzugsweise Förderung erwarten zu dürfen glaubte, Einbußen und Verlegenheiten ernster Art in Folge seiner zu weit gehenden Opferwilligkeit, dieß Alles brach seine Geistesthätigkeit, bevor er von dieser Welt schied, um im Jenseits die Palme zu empfangen, welche das Ziel seines Lebens und Wirkens war. Das erste unverkennbare Symptom von Geistesstörung ergab ein Wahngebilde Pugin's in der Art, daß er, ohne den mindesten thatsächlichen Anlaß, das Scheitern von fünf Schiffen in der Nähe des Hafens von Ramsgate, zufolge eines Sturmes, mit äußerster Lebhaftigkeit und Genauigkeit in Betreff aller Einzelnheiten schilderte. Da die Krankheit den Charakter der Tobsucht annahm, so ward er in eine öffentliche Heilanstalt, das Bethlehem-Hospital (Bedlam), gebracht, welchen Aufenthalt er indeß nach kurzer Zeit schon mit einer Privatwohnung in Hammersmith, in der Nähe von London, vertauschte, wo seine Familie ihn umgab. Dem Anscheine nach in der Besserung begriffen, kehrte er nach Ramsgate in seine Wohnung zurück, wo ihn indeß der Tod am 14. September 1852, im einundvierzigsten Jahre seines Lebens, ereilte. Am 21. September ward die Leiche des Hingeschiedenen in der von ihm erbauten St. Augustins-Kirche bestattet; seine Wittwe und 8 Kinder trauerten an seinem Sarge. Bischof Grant hielt die Leichenrede bei den feierlichen Exequien, zu welchen sich Freunde und Notabilitäten in großer Zahl eingefunden hatten.

Die tragische Katastrophe, welche dem Wirken und den Planen Pugin's ein Ziel setzte, hatte gewissermaßen schon im Voraus ihren Schatten auf seine äußere Erscheinung geworfen. Als er in das Mannesalter trat, verriethen sein Körperbau und seine Bewegungen elastische Kraft, sein Blick war grell und durchdringend, das Profil seines Gesichtes erinnerte an die Antike, seine Stirne erschien auffallend breit, um seine Lippen spielte ein humoristischer Anflug, sein ganzes Wesen gab eine Mischung von französischem und sächsischem Typus zu erkennen; wie seine Rede und seine Schrift, so war auch sein sonstiges Thun der ungeschminkte, man könnte fast sagen, der unwillkürliche Ausdruck tiefer, mit redlichem Willen gepaarter Ueberzeugung. Durch conventionelle Formen und Rücksichten ließ er sich in seinem Auftreten und in der Verwendung der Zeit nicht beeinträchtigen; wie haushälterisch er mit letzterer verfuhr, so verschwenderisch ging er mit seiner Geistes- und Körperkraft um, bis Ueberspannung erstere brach, bevor die Körperkraft völlig erschöpft war. Der Spruch des Psalmisten: Zelus Domus tuae comedit me, ist buchstäblich an ihm zur Wahrheit geworden: der Eifer für das Haus Gottes hat ihn aufgezehrt.

V.

Allgemein war die Trauer um den edeln Hingeschiedenen, weit allgemeiner jedenfalls, als die Anerkennung, welche seine Hingebung für eine große, heilige Sache während seines Lebens gelohnt hatte. Die Königin Victoria setzte der Wittwe Pugin's alsbald eine Pension von 100 Pfd. St. aus; seine Freunde und Bewunderer, obgleich zum großen Theile im Glauben von ihm getrennt, ehrten sein Andenken durch eine beträchtliche Stiftung (Pugin Travelling Fund), aus welcher alljährlich einem Baubeflissenen die Mittel zu einer Studienreise, nicht etwa wie es auf unserem Continente academischer Brauch ist, nach Italien, um dort tausend- und abertausendmal Copirtes abermals zu copiren und einen Anflug von antikisirendem Italienerthum demnächst mit nach Hause zu bringen, sondern um sich innerhalb des Vereinigten Königreiches mit den aus dessen Boden, namentlich während des Mittelalters, entsprossenen Kunstwerken jeder Gattung vertraut zu machen und auf deren Würdigung hinzuwirken, damit im Geiste der alten Meister, auf Grund ihrer Principien, Neues geschaffen werde. Es ward damit ein Wunsch erfüllt, welchen Pugin in seiner Apologie für die Wiederbelebung der christlichen Architektur in England (S. 20) ausgesprochen hatte, in der Absicht, selbst ihn zu verwirklichen, sobald seine Mittel es gestatten möchten. Das nunmehrige Parlamentsmitglied für die Universität zu Cambridge, A. J. B. Beresford Hope, einer der großmüthigsten und verdienstvollsten Förderer der mittelalterlichen Kunst in England, stand an der Spitze des betreffenden Comité's. Ihm ward denn auch, wie billig, das literarische Denkmal: „Erinnerungen an A. N. Welby Pugin und dessen Vater Augustus Pugin" (London 1861), gewidmet, durch welches der Architekt Benjamin Ferrey das Andenken seines Freundes, unseres Pugin, in würdigster Weise geehrt hat. Es verdient hervorgehoben zu werden, daß Ferrey, als Protestant, die zarte Rücksicht übte, einen andern, römisch-katholischen Freund Pugin's, E. S. Purcell, um die Bearbeitung desjenigen Theiles gedachter Biographie zu ersuchen, welcher confessionelle Beziehungen darbot, namentlich ihm die Darlegung und Erörterung der zwischen Pugin und dessen Confessionsgenossen stattgehabten Streitigkeiten über Glaubenspunkte zu überlassen. So bildet denn die Arbeit Purcell's unter einem besondern Titel (An Appendix in which the Writings and Character of A. W. N. Pugin are considered in their catholic aspect) einen Anhang zu der von Ferrey verfaßten, wahrhaft mustergültigen Lebensbeschreibung. Es ist um so mehr eine Forderung der Gerechtigkeit, das so würdige Verhalten der Nichtkatholiken Englands gegenüber der Person und dem Wirken des Convertiten Pugin besonders zu betonen, als leider in unserem deutschen Vaterlande, wo man auf der liberalprotestantischen Seite von Cultur, Duldung, Geistesfreiheit und was dergleichen mehr ist, in Worten überströmt, durchweg das gerade Gegentheil von dem geübt wird, was diese Worte bedeuten. Ein Künstler oder Kunstschriftsteller braucht sich da nur als glaubenstreuer Katholik zu erkennen zu geben, um alsbald der Vehme der Todtschweiger zu verfallen, oder, besten Falles, als „blinder Fanatiker" verschrieen zu werden.

Um den vorstehend bezeichneten Gegensatz näher an's Licht zu stellen und das eben Gesagte gegen den Vorwurf der Unüberlegtheit zu schützen, mag eine Stelle aus meiner Schrift: Eine kurze Rede und eine lange Vorrede über Kunst (S. 42), hier folgen, in welcher ich versucht habe, die Genesis desselben auf unserem Continente in kurzen Zügen darzulegen.

„Im Beginne der sogenannten gothischen Bewegung war es vielfach nur das Bedürfniß nach neuen, poetischen und wissenschaftlichen Stoffen, sowie der Reiz des Ungewöhnlichen, womit dieselbe bei uns in Schwung gebracht wurde. Gar Viele, darunter selbst wirkliche Romantiker und Kunstgelehrte, welche der Bewegung sich anschlossen, dachten nicht daran, der Gothik wieder wirkliches Leben einzuhauchen, oder auch nur die noch aufrecht stehenden Schöpfungen derselben der Zukunft zu erhalten; sie dachten vielmehr nur an sich selbst, etwa an das literarische Geschäft, und, damit in Verbindung, an den blasirten Gaumen einer gewissen Lesewelt; ähnlich wie den Theater=Directoren, wenn sie Processionen mit Kreuz und Fahnen, Bischöfe in vollem Ornate, Mönche mit langen Bärten, Chorale mit Orgelbegleitung auf die Bühne bringen, war es ihnen mit ihrer Verherrlichung der mittelalterlichen Kunst vor Allem um ein „volles Haus" zu thun. Der Franzose Victor Hugo kann wohl als der vollendetste Typus dieser Gattung bezeichnet werden. Allein zu ihrem nicht geringen Befremden gewahrten die Gothiker dieser Art, daß statt eines Gespenstes, welches sie nach Belieben citiren und bannen zu können geglaubt hatten, ein Geist erschienen war, welchem der ihrige sich nicht gewachsen fühlte — als das Feuer, womit sie gespielt, sie und ihre Werke zu verzehren drohte; als die Mönchskutten, mit leibhaftigen Mönchen darunter, wieder ungestört die Straßen, selbst unserer Hauptstädte, durchwanderten; als den Cathedralen-Torsos allerwärts die fehlenden Riesenglieder nachwuchsen, und die Kreuze, welche die Revolutionen durch den Koth geschleift hatten, immer zahlreicher und glänzender gegen Himmel stiegen; als es, mit Einem Worte, sich zeigte, daß es Leute gebe, welche die Rehabilitation des Großen, Wahren und Schönen, wie es aus den mittelalterlichen Kunstbildungen hervorleuchtet, im Ernste zu wahren gesonnen seien. Als es so kam, ward sofort Zeter über die „finstere" Gothik und deren Vertheidiger geschrieen."

Aehnliches hat sich auf dem Gebiete der Wissenschaft ergeben. Durchdrungen von der Ueberzeugung, daß die althergebrachte, auf positiv christlichem Grunde ruhende Gottes- und sonstige Gelehrsamkeit vor der modernen Aufklärung nicht Stich halten werde, war vor noch nicht langer Zeit die unbeschränkte Concurrenz, der freie Kampf der Geister unter einander die Losung im Munde aller auf Bildung Anspruch machender Fortschrittsmänner. Da sich indeß die vorgedachte Ueberzeugung mehr und mehr als eine irrige erwies, wendete sich das Blatt. Um Hülfe flehend streckten die Träger der modernen Afterweisheit die Hände nach den Staatsregierungen aus; freie Universitäten und Schulen dürften dieselben, so erscholl der Ruf aus allen liberalen Blättern und Kehlen, um keinen Preis aufkommen lassen, von den Lehrstühlen müßten die „Dunkelmänner" mit allen

Mitteln fern gehalten und staatliche Examina angeordnet werden, mittels welcher eine Sichtung der ultramontanen Kleye stattzufinden habe, kurz eine Monopolisirung des gesammten Unterrichts- und Anstellungswesens durch den Staat sei unabweisbar, wenn man nicht die „Cultur" des neunzehnten Jahrhunderts, vielleicht sogar dessen sämmtliche Errungenschaften, der ernstesten Gefahr preisgeben wolle.

So lange man Strömungen des öffentlichen Geistes der zuvor bezeichneten Art von Staatswegen sich hingibt, Kunst und Wissenschaft den despotischen Tendenzen des Pseudo-Liberalismus dienstbar macht, werden alle Museen und Zeichnenschulen, alle Muster- und Patentschutzgesetze, alle Zoll- und Handels-Vergünstigungen uns nicht befähigen, mit dem Auslande, insbesondere mit den Engländern, die Concurrenz zu bestehen. Wie anders diese unsere Nachbarn jenseits des Kanales die Geistesfreiheit verstehen, als unsere Träger der „Cultur", hat, ich wiederhole es, ihr Verhalten in dem von Pugin provocirten Kampfe gezeigt, und der Erfolg dieses Verhaltens läßt keinen Zweifel darüber Raum, ob es das rechte war. Welch' einen wohlthätigen Einfluß auch immer die schriftstellerischen Arbeiten Pugin's, von welchen die bedeutendsten an uns vorübergegangen sind, geübt haben, immer fallen doch seine Kunstschöpfungen weit schwerer in's Gewicht, selbst abgesehen davon, daß, der Natur der Sache nach, das Wort doppelt zündet, wenn die entsprechende That ihm zur Seite geht. Was alles an Kunstwerken der verschiedensten Art aus dem Geiste Pugin's hervorgegangen ist, entzieht sich der Berechnung; aber selbst bloß die von ihm errichteten Bauten sind so zahlreich, daß hier auf eine genauere Aufzählung derselben verzichtet werden muß. Es sei demnach nur erwähnt, daß nicht weniger als 5 Cathedralen (in London, Birmingham, Killeray, Uttoxeter und Ennescorthy, beide letztere in Irland), mindestens 30 bedeutendere Kirchen und außerdem Klöster, Hospitäler, Collegien, Privathäuser, sowie Restaurationen alter Bauwerke in großer Zahl von ihm herrühren. In Ramsgate erbaute er, außer seiner Wohnung und der an dieselbe stoßenden reich ausgestatteten Kirche, ein Siechhaus für invalid gewordene Matrosen auf eigene Kosten.

Eine nähere Charakteristik auch nur der hervorragendsten jener Bauwerke würde, ohne die Beigabe von Abbildungen, den Leser nur ermüden. Soweit meine Anschauung und Kenntniß reicht, bin ich geneigt, den Cathedralen in London und Birmingham, sowie den in Cheadle und Ramsgate errichteten Kirchen den Vorrang zuzusprechen. Eine Abbildung des Inneren der letztgenannten Kirche findet sich in dem bereits erwähnten Werke von Eastlake (S. 103); die Kirche zu Cheadle sowie die Birminghamer Cathedrale verdanken ihre Entstehung vorzugsweise der Freigebigkeit des Grafen Shrewsbury, dessen uns schon bekannt gewordener Landsitz, Alton Towers, unweit von Cheadle gelegen ist.

Eine besondere Erwähnung verdient noch die Beihülfe, welche Pugin dem Architekten Charles Barry bei dem Erbauen des Londoner Parlaments-Palastes vom Jahre 1839 ab geleistet hat. In Betreff des Maßes dieser Beihülfe entspann sich vor einigen Jahren eine heftige literarische Fehde zwischen dem ältesten, vor Kurzem verstorbenen Sohne unseres Pugin und einem Sohne des vorgenannten Barry, indem ersterer seinem Vater auch einen Antheil an dem Plane des Parlaments-Palastes vindicirte, während der Gegenpart ihm nur ein wesentliches Verdienst in Bezug auf dessen ornamentale Ausstattung zugestand. Zufolge des vertrauten Verhältnisses, welches zwischen den beiden großen Meistern obgewaltet hat, wird es schwerlich jemals möglich werden, in gedachter Hinsicht eine feste Grenzlinie zu ziehen; soviel indeß darf als mindestens wahrscheinlich angenommen werden, daß Charles Barry, welcher bis dahin nichts Bedeutendes auf dem Gebiete der Gothik geleistet hatte, für sich allein nicht im Stande gewesen wäre, die gewaltige Aufgabe auch nur in Betreff der Dispositionen vollständig zu lösen, zumal da das Constructive und das Ornamentale sich vielfach wechselseitig bedingen und durchdringen.

Die Erbauung des Parlaments-Palastes bildet ein so bedeutendes Moment in dem Wirken Pugin's, daß die Mittheilung einiges Näheren darüber hier am Orte ist, und zwar um so mehr, als dieselbe zugleich einen Wendepunkt auf dem Gebiete der Profan-Architektur darstellt.

In der Nacht vom 16. zum 17. October 1834 war der alte Westminster-Palast ein Raub der Flammen geworden und so die Nothwendigkeit eingetreten, der gesetzgebenden Körperschaft eine neue Stätte zu beschaffen. Das Parlament schrieb eine Concurrenz aus, indem es zugleich den gothischen oder den zur Zeit der Königin Elisabeth herrschend gewesenen renaissancistischen Styl als vorzugsweise wünschenswerth bezeichnete. Nicht mehr als fünf und nicht weniger als drei der eingehenden Pläne sollten der königlichen Entscheidung unterbreitet werden; für den besten waren 1500 Pfund Sterling, für die vier, beziehungsweise die zwei weiteren 500 Pfund als Preis ausgesetzt. Von den demnächst eingegangenen 97 Plänen erachtete die betreffende parlamentarische Commission den von Barry in spätgothischem, sogen. Tudorstyl entworfenen für den preiswürdigsten und ward denn auch ihrem Ausspruche die königliche Bestätigung zu Theil. In dem damals noch starken Lager der Classicomanen, in welchem natürlich die Anfertiger der durchgefallenen Pläne sich besonders rührig erwiesen, entstand darob ein gewaltiger Lärm, dessen Echo sich lange Zeit hindurch auf unserem Continente vernehmen ließ. Müht sich doch selbst dermalen noch mitunter einer unserer Kunstliteraten ab, um die Welt glauben zu machen, jene Parlaments-Commission habe einen argen Fehlgriff gethan, welchen man auch in England beklage. Durchweg gibt solche Kritik an sich schon zu erkennen, daß sie lediglich auf Vorurtheil und Unkenntniß beruht. Die herkömmlichen Schlagphrasen gegen die Gothik bilden zumeist ihren Kern. Meinestheils hatte ich Gelegenheit, in Begleitung eines als Kunstkenner hervorragenden Parlaments=Mitgliedes auch das Innere des Bauwerkes in näheren Augenschein zu nehmen und kann nicht bloß für meine eigene Bewunderung seiner Kunstgerechtheit Zeugniß ablegen, sondern zugleich versichern, daß mein Begleiter auch in Bezug auf dessen Zweckmäßigkeit nichts Wesentliches auszusetzen hatte. Wenn seitdem eine Erweiterung des Saales, worin das Unterhaus seine Sitzungen hält, sich als nothwendig herausstellte, so hat dieß in der mittlerweile eingetretenen Vermehrung der Zahl seiner Mitglieder, überhaupt in Umständen seinen Grund, welche mit der Stylfrage nicht im mindesten zusammenhängen. Wäre indeß auch noch so Vieles an dem Baudenkmale auszusetzen, so hätte doch jedenfalls Deutschland nichts aus der neueren Zeit aufzuweisen, was auch nur entfernt den Vergleich mit der Schöpfung zu bestehen vermag, welche dem vereinten Genie Barry's und Pugin's entsprossen ist. Besonders im Hinblicke auf ihre Entstehungszeit erscheint dieselbe als wahrhaft erstaunlich; sie gab denn auch den Anstoß zu einer einheitlichen Kunstbewegung, welche unverkennbar nach dem Mittelalter hin gravitirend, von den der Architektur dieser Periode zum Grunde liegenden Principien beherrscht ward. Wie sehr diese Richtung die Oberhand gewonnen hat, beweist die überwiegende Mehrzahl der seitdem in England entstandenen Bauten, soweit dieselben irgend Anspruch auf ästhetische Bedeutung machen, ganz insbesondere aber die Thatsache, daß im Herzen des alten London, unweit der renaissancistischen St. Pauluskirche, soeben ein an Umfang und Bedeutung hinter dem Parlaments=Palaste nicht weit zurückbleibendes Architekturwerk sich erhebt, welches noch viel entschiedener als jener Palast den Charakter der Gothik an sich trägt. Es ist dieß ein von G. E. Street entworfener Justizpalast. Durch vielfache Erfahrung belehrt, hatte man die betreffende Concurrenz auf 12, bereits bewährte Architekten beschränkt. Obgleich die Wahl des Styles ganz freigegeben war, entschieden doch sämmtliche Concurrenten sich für den gothischen und ward, wie schon gesagt, dem Plane von Street, welcher zu den strengsten, das „moderne Auge" am wenigsten berücksichtigenden gehörte, die Palme zu Theil. Durch eine öffentliche Ausstellung sämmtlicher Concurrenz-Pläne in London fand ich Gelegenheit, mich einmal wieder so recht von der Leerheit des bei uns zu Lande oft gehörten Geredes zu überzeugen, daß die mittelalterliche Kunstweise außer Stande sei, den Bedürfnissen unserer Gegenwart in vollem Maße zu entsprechen und deren Erfindungen zu verwerthen.

Natürlich müssen die übrigen Künste sowohl als das Handwerk dem Zuge der Architektur in allem Wesentlichen folgen, soweit sie mit derselben in Berührung kommen, ihren Zwecken zu dienen haben. Diesem Verhältnisse ist denn auch hauptsächlich der Aufschwung beizumessen, welchen die Kunstindustrie und das Kunsthandwerk in England genommen hat. Die dort gefertigten Schreiner-, Schlosser- und Schmiede-Arbeiten lassen, wo es an der gehörigen Leitung nicht fehlt, in stylistischer wie in technischer Hinsicht kaum noch etwas zu wünschen übrig; die Glasbereitung wie die Kunst der monumentalen Glasmalerei sind zu vollem Leben wieder erstanden; die buntfarbigen englischen Fließe suchen ihres Gleichen; ächtes Material und gediegene Arbeit lassen das in Deutschland leider schon so weit verbreitete, auf Täuschung der Nichtkenner speculirende Pfuschwesen nicht aufkommen. Zu dieser Neubelebung des Kunsthandwerks hat Welby Pugin einen Hauptanstoß gegeben. Die Hardman, Minton, Crece, Thomas und wie die Erzeuger oder Meister des hier in Betracht Kommenden sonst heißen, sie alle wurden mehr oder weniger von seinem Geiste getrieben und genährt; ja es läßt sich mit Grund sagen, daß er gerade auf dem Gebiete des decorativen Beiwerkes und der sog. Kleinkünste mehr noch geleistet und gefördert hat, als auf dem der Architektur im engeren Sinne dieses Wortes.

Schon allein die großartige Hardman'sche Anstalt in Birmingham, worin Geräthschaften der verschiedensten Art zu kirchlichen wie zu häuslichen Zwecken angefertigt werden, die Lieblingsschöpfung Pugin's, würde zur Begründung des vorstehend Gesagten hinreichen. Ein näherer Einblick in diese großartigen Werkstätten brächte unseren Kunsthandwerkern vielleicht mehr Gewinn, als alle Modelle, Vorlegeblätter und sonstigen Unterrichtsmittel, womit unsere polytechnischen und Gewerbeschulen ausgestattet sein mögen, da auf dem Kunstgebiete das Können, nicht das Wissen die Hauptsache ist.

Nicht ganz mit Unrecht macht man einer Anzahl der von Pugin aufgeführten Bauten den, auch den Parlaments-Palast treffenden Vorwurf, daß die Detaillirung die Wirkung der Massen beeinträchtigt, daß überhaupt die Unerschöpflichkeit seines Geistes in Bezug auf Zierwerk aller Art ihn nicht ganz selten dazu brachte, es mit dem constructiven Momente, der harmonischen Gliederung des Gesammtorganismus etwas zu leicht zu nehmen und zu wenig jene wuchtige Großartigkeit anzustreben, durch welche die mittelalterlichen Meisterwerke uns in so hohem Grade imponiren. Mag auch zugegeben werden müssen, daß nicht bloß mittelalterliche, sondern auch zeitgenössische Meister im Einzelnen Bedeutenderes geschaffen haben, so kann doch sicherlich keiner der letzteren ein größeres Verdienst um die Sache der bildenden Kunst im Allgemeinen beanspruchen. Sein Genie war gleichsam die Sonne, welche die im Volksbewußtsein ruhende Triebkraft aus langem Winterschlaf erweckte, den alten, verschütteten Wurzelstöcken frisch grünende und rasch erstarkende Schößlinge entsprießen machte. Hauptsächlich um deßwillen war sein Einfluß ein so mächtiger, weil bei ihm stets Herz und Kopf zusammenwirkten, weil in dem Feuer seiner Begeisterung nichts Gemeines, Niedriges, Frivoles Bestand hatte, weil sein künstlerischer Enthusiasmus aus der Quelle echter Religiosität immer neue Kraft schöpfte, die Ehre Gottes und das Heil seiner Seele als höchste unwandelbare Zielpunkte vor seinem geistigen Auge standen. Er begnügte sich denn auch keineswegs damit, mittels seiner Kunstübung und seiner Schriften Gott zu ehren und ihm zu dienen, sowie allen Anordnungen der Kirche pünktlich Folge zu leisten; das Gebet war ihm geradezu Herzensbedürfniß. Mit Gebet begann und beendete er den Tag, und zwar, wenn irgend möglich, in einer Kirche. Hier suchte er Stärkung, Beruhigung und Trost inmitten der aufreibenden Arbeiten und Kämpfe, welche sein Leben erfüllten und, wie wir gesehen haben, nicht selten verdüsterten. Gewiß ist ihm der Friede, welchen er im Angesichte des Todes seinen Mitmenschen wünschte, zugleich mit der Siegespalme im Jenseits zu Theil geworden.

VI.

Dem Geiste des Mannes, welchem die gegenwärtigen Blätter gewidmet sind, entspräche es gewiß wenig, wenn dieselben lediglich eine Darstellung seines Lebens und persönlichen Wirkens bezweckten, wenn nicht zugleich nützliche Lehren, insbesondere für uns selbst, daraus gezogen würden. Ihm war das Wort nur, oder doch hauptsächlich insofern von Bedeutung, als dasselbe auf das Thun, auf praktische Erfolge abzielte; schwerlich hätte er jemals die Feder zu einer Veröffentlichung angesetzt, bloß um dem schöngeistigen Lesepublikum einen vorübergehenden Genuß oder sich selbst einen literarischen Ruf zu verschaffen. Demnach glaube ich einer Frage noch näher treten zu sollen, als bisheran beiläufig geschah, der Frage nämlich, ob das Ziel, nach welchem Pugin mit so viel Hingebung und Erfolg gerungen hat, bei uns zu Lande erreicht ist, oder vielmehr, da wohl Niemand diese Frage zu bejahen gesonnen sein wird, was wir zu thun und zu lassen haben, um demselben wenigstens näher zu kommen.

Auf Manches ist, wie gesagt, in dieser Beziehung bereits im Vorbeigehen hingedeutet worden; indeß bleibt noch so viel über jene, nach den verschiedensten Richtungen hin sich erstreckende Frage zu sagen übrig, daß an eine auch nur annähernd erschöpfende Erörterung derselben hierorts nicht gedacht werden kann. Nur einige Hauptmomente sollen denn auch nachfolgend in Betracht gezogen, Anderes näher bezeichnet oder schärfer betont werden, als es im Laufe einer Lebensbeschreibung thunlich war.

Um ein Uebel gründlich heilen zu können, muß man vor Allem über dessen Ursachen sich Klarheit zu verschaffen suchen. Zu den Hauptursachen allgemeiner Natur, aus welchen unsere Inferiorität auf dem Gebiete der Kunst und des Kunstgewerbes, namentlich im Vergleiche mit England, herzuleiten ist, gehören, meines Erachtens, der Schul- und der Militärzwang, wie dieselben in Deutschland, nach dem Vorgange Preußens, geübt werden. Was jenen ersteren Zwang anbelangt, so verkenne ich keineswegs die Gefahr, welcher man sich aussetzt, wenn man dem herrschenden Systeme nicht unbedingt beipflichtet. Um wenigstens nicht gleich von vornherein für einen auf die Verdummung der Massen speculirenden, reichsfeindlichen Finsterling erklärt zu werden, sei bemerkt, daß, wie die große Mehrzahl der tiefer blickenden Engländer, so insbesondere der doch gewiß freisinnige Lord Brougham, dessen Wort: „The schoolmaster is abroad" (der Schullehrer geht umher) früher wenigstens im Munde aller Liberalen war, das erstgenannte System ebenwohl verurtheilt, daß er dessen Einführung in England für moralisch unmöglich erklärt hat („Such a system of education may do very well for a country which, in reality, is but one great camp, but it would never be tolerated in England"). Der berühmte Staatsmann, welcher gewiß so sehr wie irgend Jemand sich bewußt war, daß die Erwerbung von Kenntnissen, insbesondere von Elementarkenntnissen, wie Lesen, Schreiben und Rechnen, für Jedermann höchst wünschenswerth sei, verhehlte sich anderntheils aber nicht, daß der staatliche Schulzwang mit dem vom französischen Convente proclamirten Satze: „L'enfant appartient avant tout à la République" die gleiche Wurzel habe, daß er ein Ausfluß des so verderblichen, die schöpferische Kraft des Volkes allmählich aufsaugenden Princips der Staatsomnipotenz sei. Die große, nach einer von der Regierung vorgeschriebenen Schablone arbeitende Unterrichtsfabrik zur Uniformirung der Geister wird auf die Dauer und im großen Ganzen genommen nur den Stoff zu Fabrikarbeitern oder Handwerkern gewöhnlichsten Schlages, ohne individuell ausgeprägten Charakter, ohne Originalität liefern. Jedenfalls verdient dies Moment eine eingehendere Beachtung und Erörterung, als demselben bis jetzt zu Theil geworden ist. Geflissentlich geht man diesem Punkte aus dem Wege, um ja den Vertheidigern der mit den Herrschaftsgelüsten des Afterliberalismus unverträglichen Unterrichtsfreiheit keinen Vorschub zu leisten. Die diesem Liberalismus zu Gebot stehende Sorte von „Intelligenz" kann eben ohne die Beihülfe mechanischen Zwanges im geistigen Wettkampfe nicht die Oberhand gewinnen oder doch nicht auf die Dauer behaupten.

Offen auf der Hand liegt der nachtheilige Einfluß, welcher aus dem zu der Staatsomnipotenz in nächster Beziehung stehenden Militarismus zufolge des Wehrzwanges sich ergibt. Gerade während derjenigen Lebenszeit, in welcher die weitere Ausbildung zur Kunstfertigkeit stattzufinden hat, werden die dem Gewerbe sich Widmenden der Werkstätte entzogen, um sich Uebungen zu widmen, welche ihrem eigentlichen Lebensberufe meist geradezu widerstreiten und den Geist von demselben abziehen. Zu vollendeter technischer Meisterschaft führt nur die stete Beschäftigung mit den betreffenden Stoffen und Werkzeugen, die Concentrirung der Geisteskräfte auf bleibende Aufgaben. Das Leben in der Werkstätte ist so durchaus verschieden von dem Leben in der Caserne, daß nach dem Ablaufe des letzteren mit ersterem so zu sagen wieder von vorne angefangen werden muß, falls überhaupt die Lust an demselben noch nicht erstorben ist. Dazu kommen dann noch die nicht seltenen Unterbrechungen bis zum Schlusse des Landwehrstadiums. Die Vergünstigung des sogenannten Freiwilligen-Jahresdienstes ändert hieran wenig; vielleicht verschlimmert sie sogar das Uebel noch. Diejenigen vom Gewerbestand, welche dieser Vergünstigung theilhaftig werden wollen, müssen die zur Lehrzeit nothwendigen oder doch passendsten Jahre auf den Schulbänken zubringen, und ihre Köpfe mit allerhand Wissen füllen, welches zumeist für sie nicht bloß nutzlos ist, sondern selbst nachtheilig wirkt, indem es einen gewissen, mit dem Lehrlingsberufe nicht verträglichen Dünkel zuwege bringt. Freilich ist es unter den nun ein= mal gegebenen Verhältnissen schwer zu sagen, wie und wann dem Uebelstande abgeholfen werden kann; allein er muß schon deßhalb fest in's Auge gefaßt werden, um hin= sichtlich der Diagnose nicht auf Irrwege zu gerathen.

An dem verhältnißmäßig so niedrigen Stande unserer Kunstindustrie ist weiter die modesüchtige Ausländerei schuld, welche seit dem Beginne der Renaissance-Periode unser Land fortwährend heimgesucht hat und in der Stylmengerei der Künstlerschaft eine Stütze oder doch Ermuthigung findet. Kann man es in der That der Salonwelt und was der= selben anhängt verargen, daß sie sich der Hauptstadt Frank= reichs tributpflichtig macht, wenn unsere Regierungen und Academien die Kunstjünger, und zwar gerade die hoffnungs= vollsten, zum Zwecke ihrer Aus= und Durchbildung nach Italien schicken?

Nichts Anderes war bekanntlich von jeher, auch in der vorchristlichen Zeit, der Kunstübung förderlicher, als der religiöse Cultus. Stets bildeten die dem Gottesdienste geweihten Bauwerke den Höhepunkt aller künstlerischen Thätigkeit, den Stamm, aus welchem alle Kunstzweige herauswuchsen. Da der Gottheit das Schönste und Edelste zu weihen ist, so tritt hier die Kostenfrage in den Hintergrund; jede anderweite Rücksicht wird durch den idealen Zweck überwogen. Es braucht hiernach kaum erst darauf hingewiesen zu werden, wie sehr das Zurückdrängen des Cultus durch den Abfall von der katholischen Kirche, insbesondere Seitens des Calvinismus, durch die Säcularisationen, die staatlichen Regulirungen des Kirchenwesens, sowie überhaupt der massenhaften Abkehr von jedwedem in die Erscheinung tretenden Gottesdienste, die Kunst und alle höhere Industrie geschädigt hat. Man kann genau nachweisen, wie in unserer Zeit nicht wenige Zweige der letzteren lediglich der Neubelebung des kirchlichen Sinnes ein gewisses Wiederaufblühen zu danken haben. Ebenso augenfällig ist aber auch der durch den unseligen „Culturkampf" der Kunst-Industrie erwachsene Schaden. Alle Opferwilligkeit auf katholischer Seite mußte zufolge desselben vom Schönen ab-, sich dem durch die Nothwendigkeit Gebotenen zuwenden.

Jedenfalls nicht am wenigsten verderblich erweist sich die Sprengung des gewerblichen Genossenschaftswesens, womit denn auch die Standesehre in solchem Maße abhanden kam, daß der selbständige Handwerker sich durchweg verletzt fühlt, wenn man ihn mit „Meister" anredet. Besteht doch kaum noch ein festes, geregeltes, der Natur des betreffenden Gewerbes angepaßtes Verhältniß zwischen Lehrlingen, Gesellen und Meistern, geschweige denn ein höheres, sittliches Band! Alles sonst noch hier Einschlagende zu erörtern, würde allzuweit führen. Wem sind überdies auch nicht schon die immer lauter ertönenden Klagen über die Sucht nach schneller Bereicherung, den Hang zum bloßen Scheine hin, die Verfälschungen aller Art, die Ueberproduction, der Druck des Großcapitals auf die mittleren und die unteren Schichten, die durch nichts eingeschränkte Wucherfreiheit, die Mangelhaftigkeit der Zoll= und Staatswirthschafts=Gesetzgebung zu Ohren gekommen? In welcher Art den Klagenden zu helfen wäre, wissen dieselben zumeist selbst nicht. Ja das Schlimmste vielleicht ist, daß sie Alles von Oben, nicht vom jenseitigen, sondern vom diesseitigen „Oben", von der Staatsgewalt erwarten. Allerdings kann und soll die Gesetzgebung, was sie gesündigt hat, wieder gut zu machen suchen, und vielleicht gelingt es ihr, obgleich das Zerstören weit leichter ist, als das Wiederaufbauen, das Erhalten eines bestehenden Dammes leichter, als das Wiederherstellen eines durch die Fluth gebrochenen. Zunächst aber sollten die Klagenden das eigene Gewissen fragen, ob sie nicht selbst die traurige Lage verschuldet oder doch mitverschuldet haben, sei es in eigener Person, sei es, indem sie, durch die Phrasen und Verheißungen pseudo=liberaler Weltverbesserer bethört, dieselben auf den Schild hoben, sie schalten und walten ließen. So lange wird jedenfalls kein Heil erblühen, als nicht zunächst die Betheiligten, was in ihrer Kraft liegt, aufbieten, um Abhülfe zu schaffen, so lange sie namentlich nicht zu persönlichem Handeln, zu Opfern sich bereit finden. Mögen aber auch die einschlagenden Verhältnisse in noch so günstiger Weise sich umgestalten, niemals werden doch die dem Höhern Zustrebenden die Hände in den Schooß legen dürfen; immer werden sie sich vor Illusionen sorgsamst hüten müssen. Wie das Wahre, so hat auch dessen Abglanz, das Schöne, auf unserer Erde nie endende Kämpfe zu bestehen: den Kampf mit der Hab= und Genußsucht, mit der Frivolität und der Glaubenslosigkeit, kurz mit dem unter unseren Augen immer weiter um sich greifenden Materialismus.

Noch bleibt ein hauptsächlicher, an das oben Gesagte sich anreihender Grund allgemeinerer Art des niedrigen Standes unserer Kunstübung, im weitesten Sinne dieses Wortes, besonders hervorzuheben. Es ist dies der **Mangel an festen Principien**, wie sich derselbe auf fast allen Gebieten, auf dem der Religion, der Politik, der Naturwissenschaften u. s. w. bemerklich macht. Dieses Durcheinander der Bekenntnisse, Systeme und Ansichten spiegelt sich, falls nicht ganz besondere Vorkehr getroffen wird, so zu sagen mit Nothwendigkeit in den Regionen der Aesthetik ab. Die Kunst ist eben nur eine höhere Sprache zur Kundgebung dessen, was den Menschengeist bewegt und wonach derselbe hinstrebt. So liegt denn das Bedenken nahe, ob überhaupt die Hoffnung gehegt werden könne, daß die Kunst sich wieder erhebe, bevor eine Klärung und Consolidirung auf jenen anderen Gebieten eingetreten sei, was jedenfalls noch in unabsehbarer Ferne liege. Fehlt es doch sogar nicht an Solchen, welche jedes Bestreben, der höheren Kunst, der christlichen nicht minder als der antiken, neues Leben einzuflößen, für ein durchaus vergebliches erklären, weil der Boden, auf welchem die eine und die andere erwachsen sei und allein wahrhaft gedeihen könne, der religiöse Glaube, durch die in stetem, unaufhaltsamem Wachsen begriffene, allem Uebersinnlichen abgewendete Zeitströmung hinweggeschwemmt werde. Und allerdings stehen gar manche Zeiterscheinungen solcher Annahme zur Seite. Fällt es nicht schwer für dieselben in's Gewicht, wenn selbst mächtige Staatslenker dem materialistischen Unglauben die Wege bahnen, wenn sie die ihnen zu Gebot stehende physische Gewalt gegen Diejenigen kehren, welche im Geiste christlicher Selbstverläugnung die Gottlosigkeit und die Unsittlichkeit bekämpfen? Hören wir nicht, wie immer mehr anschwellende Massen zu Allem und Jedem Beifall klatschen, was auf die Zerstörung kirchlicher Einrichtungen, ja selbst der Schöpfungen christlicher Barmherzigkeit abzielt, wie sie laut eine Verfolgung glaubenstreuer, allen Verlockungen zum Abfall von der Kirche unzugänglicher Christen als einen Fortschritt zur Freiheit und Humanität hin begrüßen? Wird nicht sogar gemeinsames Beten unter freiem Himmel als eine Störung der öffentlichen Ordnung polizeilich gehindert und strafrechtlich verfolgt?

Wie betrübend diese leider nicht hinweg zu läugnenden Erscheinungen auch sein mögen, uns entmuthigen dürfen und können sie nicht. Eher sind sie sogar geeignet, Hoffnungen zu begründen. Am stärksten schäumen und bäumen sich die Wogen, wenn sie im Begriffe stehen, sich am Ufer zu brechen und zu verlaufen. Jedenfalls müssen jene Erscheinungen zu immer lebendigerer Thätigkeit und Opferwilligkeit Diejenigen anspornen, welche von dem vorbezeichneten Treiben den Ruin der Staaten, wenn nicht sogar der bürgerlichen Gesellschaft erwarten, sofern dasselbe nicht an dem Widersinn scheitert, den es in sich beschließt. Es ist übrigens eine alte, den Kämpfern für die idealen Güter zur Ermuthigung gereichende Erfahrung, daß man dann erst anfängt, diese Güter in ihrer vollen Bedeutung zu erkennen, wenn sie ernstlich bedroht erscheinen, und daß zufolge dieser Erkenntniß die mattherzige Halbheit oder Gedankenlosigkeit allmählich schwindet, daß bei Vielen der bis dahin eingeschläfert gewesene gute Wille zu energischer That wird. Mögen auch zunächst die negirenden Geister und ihr Anhang das weitaus größere Lager bilden und im Allgemeinen die Herrschaft üben: die auf das Höhere gerichteten müssen jede Stellung, welche sie noch inne haben, um so mehr befestigen und um so eifriger vertheidigen, je bedrohter dieselbe ist; vor Allem müssen sie durch Wahrung der Grundprincipien Vorkehr für die Zeit treffen, in welcher diese Principien wieder zu allgemeinerer Geltung gelangen und weithin befruchtend wirken können. So insbesondere auch auf dem Gebiete der Kunst. Abgesehen einmal von der Möglichkeit, daß, zufolge der Ansammlung von soviel Zündstoff auf den verschiedensten Gebieten, eine große Katastrophe uns bevorsteht, ist speciell auf dem Gebiete der Kunst, im Vergleiche mit den vorletzten Jahrzehnten, insofern bereits viel gewonnen, als man sich dermalen ziemlich allgemein hinsichtlich der früher auf die Fürsorge der Staatsregierungen gebauten Hoffnungen getäuscht fühlt, als die Zahl Derjenigen, welche von der Bureaukratie, den Staatsprüfungen, den Academien, den Gemäldegalerien und den Museen das Heil erwarten, gar sehr in der Abnahme begriffen ist. Was insbesondere die zuletzt genannten Anstalten betrifft, so braucht man nur die, eine Mischung von Verwunderung, Stumpfsinn und Ermüdung abspiegelnden Physiognomien der sie Durchwandelnden anzusehen, um sich davon zu überzeugen, daß jedenfalls die große Masse durch all' das in denselben zur Schau gestellte Kunstschöne verschiedenster Art, in Bezug auf ästhetische Bildung nichts gewinnt, vielmehr in dem Gewirre heterogenster Eindrücke das natürliche, angeborene Urtheil zurückläßt. Daß die Kunstübung zufolge der in Rede stehenden Ansammlungen von Meisterwerken oder Curiositäten sich gehoben habe, wird wohl nicht im Ernst behauptet werden können. Andernfalls bedürfte es nur einer Hinweisung auf die künstlerischen Erzeugnisse derjenigen Städte, welche mit Galerien und Museen ausgestattet sind, um solche Behauptung zu entkräften. Können etwa beispielsweise die Berliner Siegessäule oder das in dem dortigen Lustgarten zu Ehren Friedrich Wilhelms des Dritten errichtete Denkmal auch nur entfernt in Bezug auf Harmonie in der Anordnung, Proportionalität, statuarischen Styl und Gesammtwirkung den Vergleich bestehen mit dem Großen Kurfürsten, welchen Andreas Schlüter geschaffen hat, als in Berlin noch Niemand daran dachte, Millionen zu verausgaben, um aus aller Herren Ländern Bilder und Statuen aller Art unter ein gemeinsames Dach zu bringen. Dagegen daß heimathlosen Ueberbleibseln aus früheren Kunstperioden ein solches Unterkommen beschafft wird, ist natürlich nicht bloß nichts einzuwenden, es verdient dies vielmehr lobende Anerkennung.

Nicht minder klar stellt sich das Unvermögen der Kunstvereine heraus, um große, volksthümliche Kunst in's Leben zu rufen, wie viele Ausstellungen und Lotterien dieselben auch veranstalten mögen. Man fühlt die Zersplitterung, den Mangel an tüchtigen Meistern, den Ueberfluß an Mittelmäßigkeiten.

Vor 20 Jahren noch wurde man, wie ich aus eigener Erfahrung weiß, als fanatischer Reactionär verschrieen, beziehungsweise keines Blickes gewürdigt, wenn man die Meinung äußerte, es sei zu den freien Meisterschulen zurückzukehren, nur als Auftrageber, nicht aber als oberste Direktoren der Kunst- und Gewerbestudien hätten die Staatsregierungen diese Studien zu fördern. Dermalen kann man wenigstens ohne Scheu, wie hiermit geschieht, ja selbst mit einer gewissen Hoffnung auf Anklang in weiteren Kreisen jene Rückkehr zu den Grundzügen der mittelalterlichen Organisation als den sichersten Weg zum Rechten bezeichnen. An die Spitze der Meisterschulen müßten wieder wie ehedem die Steinmetzenhütten zu stehen kommen — mit anderen Worten: es müßte die Baukunst die ihr gebührende Oberherrlichkeit auf dem Kunstgebiete wieder einnehmen; nach ihr hin hätten alle anderen Künste zugleich mit dem Handwerk zu gravitiren.

Als zu Anfang unseres Jahrhunderts die Einsicht erwachte, daß der Abfall von der im Christenthum wurzelnden Kunstweise des Mittelalters den verrotteten Zustand aller Zweige der Kunst herbeigeführt habe, erhoben edle reichbegabte Männer sich zu dem Entschlusse, die Wege wieder aufzusuchen, welche die mit dem Heidenthum buhlenden Renaissancisten verlassen hatten. Leider bot damals unser Vaterland dem Nationalgefühle dieser Männer keinen

Stützpunkt, kaum eine Hoffnung des Besserwerdens; und so wendeten sie sich denn der ewigen Stadt zu, von welcher aus die Glaubensboten zugleich mit der christlichen Lehre auch die christliche Kunst in alle Länder hinausgetragen hatten, wo immer noch das Herz der katholischen Christenheit pulsirte. Aber wie viel Treffliches, ja Bewundernswerthes dieselben und Diejenigen, welche sich ihnen anschlossen, auch geschaffen, wie sehr sie auch dazu beigetragen haben, gewisse Geschmacksverirrungen zu beseitigen, ein Umschwung unseres Kunstlebens ist von ihnen nicht zuwege gebracht worden, und zwar hauptsächlich aus dem Grunde, weil sie, ferne vom vaterländischen Boden, unsere germanische Baukunst bei Seite liegen ließen, weil sie von der Wiedergeburt der christlichen Malerei allein das Heil erhofften und auch hier vorzugsweise fremdländische Traditionen in sich aufnahmen.

Nicht erfolgreicher hat sich das Bestreben zum Theil reichbegabter Architekten erwiesen, mittels einer Rückkehr zur vorchristlichen, insbesondere zur griechischen Bauweise und Bildnerei, dem Kunstleben aufzuhelfen, ihm gleichsam frisches Blut zuzuführen. Jene Männer wußten oder bedachten doch nicht, daß man zwar leicht vom Christenthum sich abwenden kann, es aber unmöglich ist, die von demselben überwundene Anschauungsweise eines untergegangenen Volkes, aus welcher sein künstlerisches Schaffen hervorgegangen ist, sich zu eigen zu machen, ganz abgesehen von noch gar manchen anderen, uns nicht zu Gebot stehenden Erfordernissen jenes Schaffens. Trotz des fleißigsten Studiums, welches auf die Ueberreste der antiken Kunstfertigkeit gewendet ward, und obgleich ein ansehnlicher Schriftsteller-Chor Jubelhymnen auf das wiedererstandene Hellenenthum ertönen ließ, dessen Kosten aus der Staatskasse oder, klarer ausgedrückt, aus den Taschen der Steuerzahler, ohne Unterscheidung ihrer Geschmacksrichtungen, bestritten wurden, behielt der — mo=

dernste Casernenstyl die Oberhand. Selbst Berlin, wo der unstreitig hervorragendste unter den Hellenisten, Schinkel, gelebt und gewirkt hat, wo man von Jahr zu Jahr eine Festversammlung zu Ehren seines Andenkens abhält und Schinkel-Concurrenzen ausschreibt, selbst Berlin konnte auf die Dauer dem griechelnden Wesen nicht treu bleiben. Statt der erhofften hellenischen Kunstblüthe hat sich dort im Verfolge unter der Rubrik: Schönbauten, ein meist aus unächtem Materiale fabrikmäßig gefertigtes Gemenge von Renaissance- und Roccoco-Motiven angesiedelt. Das Kläglichste aber ergibt sich, wenn ein academisch gebildeter Schönbaumeister, um so recht seine Vielseitigkeit an den Tag zu legen, einen Anlauf nach der Gothik hin nimmt, indem er beispielsweise ein Gebäude mit einem Erker ausstattet. Da die Academien, um den Anforderungen der modernen „Cultur" gerecht zu werden, meist „Wissenschaftlicheres", und zwar in möglichst großen Quantitäten, beizubringen haben, als die Kunst, zu bauen, so verstehen sich die nach zurückgelegtem Cursus durchexaminirten Architekten nicht auf das Vorkragen, den Fugenschnitt und dergleichen technische Dinge mehr; sie wissen sich aber zu helfen, indem sie den Vorsprung auf Eisenschienen stützen, welche mit lehmgesättigtem Stroh umwickelt und mit gebackenen, mittels Oelfarbe zu Haustein angestrichenen Futteralen umhüllt werden. Und das Publikum beruhigt sich zugleich mit dem „Meister", weil das Elaborat ja „genau so aussehe", wie ein gothisches aus natürlichem Stein! Solche und ähnliche, im Bereiche aller Stylarten nichts weniger als seltene Pfuschereien zeigen wohl schon zur Genüge, jedenfalls unwidersprechlicher, als eine allgemein gehaltene Charakteristik, wie tief bei uns eine Kunst gesunken ist, welche vormals den Ruhm des deutschen Namens in alle Länder getragen hat. Selbst in Fach-Zeitschriften und öffentlichen Blättern, welche im Uebrigen vor der „Cultur" der Neuzeit auf den Knieen liegen, wird dieser Verfall zugestanden und beklagt. Jeden in dieser Hinsicht etwa noch übrig gebliebenen Zweifel mußte übrigens das Ergebniß der allgemeinen Concurrenz beseitigen, welche vor einigen Jahren zum Zwecke der Errichtung eines Parlaments=Palastes für das Deutsche Reich stattgefunden hat. Bloß ein einziger, von einem Engländer, Sir Gilbert Scott, angefertigter Plan trug in würdiger und im Wesentlichen zugleich zweckentsprechender Weise (nur die Zuthat einer prächtigen Kapelle verrieth eine allerdings befremdliche Unkenntniß des Standes unserer modernen „Cultur") das Gepräge ächter, nationaler Kunst an sich; alle anderen Pläne boten ein Gemisch von französischen und neuitalienischen oder antikisirenden Motiven dar, zumeist ohne für den Mangel an Stylreinheit einen irgend erheblichen Ersatz zu leisten; bei weitem die meisten Entwürfe forderten nicht einmal die Kritik heraus.

Die auffallende Erscheinung, daß solche Verkommenheit nicht allgemeiner und tiefer empfunden wird, erklärt sich zum Theil durch die Jahrhunderte lange Gewöhnung an Styl= und Ideenwirrwarr auf fast allen Gebieten. Entspricht doch der ästhetische Eklekticismus vollkommen der auf dem Gebiete der Politik wie im Privatverkehre an die Stelle des Decalogs und der Kirchengebote sich drängenden, nur auf die Befriedigung der Selbstsucht gerichteten sogenannten Nützlichkeitstheorie, der princip= und bodenlosen „unabhängigen Moral", welche deren Anhänger sich, je nach ihrem jedesmaligen Gelüste, zurechtzulegen wissen!

Zum nicht geringen Theile rührt jene Unempfänglichkeit des Volkes für architektonische Schönheit aber auch daher, weil das „fortschrittliche" Kunstliteratenthum den gleichgesinnten Künstlern und diese jenem unausgesetzt Weihrauch spenden, wohingegen jeder unbequemen Kritik der Weg in weitere Kreise nach Möglichkeit versperrt, oder, falls dieß nicht recht gelingen will, als eingegeben von einer Tendenz verschrieen wird, welche darauf abziele, die Menschheit in die „mittelalterliche Finsterniß" zurückzuschrauben, die moderne Cultur und Wissenschaft einer „herrschsüchtigen Priester-Kaste" auszuliefern. Und der große Haufe der liberalen Lesewelt ist kopflos genug, um auf solche und ähnliche Phrasen mehr zu achten, als auf die ihn umgebenden Thatsachen, was übrigens kaum befremden kann, wenn man bedenkt, daß schon in unseren Schulen systematisch, statt der geistigen Heroen des Christenthums, die heidnischen sogenannten Classiker der Jugend als Ideale vorgehalten werden, daß es überhaupt, um als qualificirt zu deren Leitung zu erscheinen, mehr auf „liberale" als auf christliche Gesinnung ankommt.

Das Hervortreten eines tiefer gründenden ästhetischen Bedürfnisses wird endlich, soweit der Schauspieler- und Tänzerinnen-Cultus überhaupt einem anderweiten ästhetischen Bedürfnisse noch Raum läßt, dadurch behindert, daß die öffentlichen Galerien und Bilderausstellungen dasselbe bis zu einem gewissen Grade befriedigen und zugleich die Illusion zuwege bringen, damit sei der Kunst genug gethan, eine sichere Bahn zur Kunstkennerschaft hin gewiesen. Unablässig sorgt denn auch die tonangebende Presse für die Nährung und die Festigung dieser Illusion, indem sie bald dieses, bald jenes Gemälde als ein „Ereigniß" ausposaunt, und auf jede neue Ausstellung, ja auf jeden über die herrschende Mittelmäßigkeit sich erhebenden Maler neue Hoffnungen für das Kunstleben der Nation baut. Wenn in öffentlichen Blättern von Kunst und Künstlerschaft geredet wird, so ist denn auch dabei stets nur an Malerei und Maler zu denken; die Architektur insbesondere zählt so zu sagen im großen Publikum nicht mehr zu den Künsten.

Der oben beregte Gedanke, zum Zwecke der Wiedergewinnung eines festen Bodens bei den alten Griechen in die Schule zu gehen, würde, trotz seiner Absonderlichkeit, freilich immer nur auf einem sehr weiten Umwege, zum Rechten haben führen können, wenn man sich in einer tiefer gehenden Weise das Hellenenthum zum Muster genommen, dasselbe geistig durchdrungen hätte. Man würde sich alsdann haben sagen müssen, daß die so bewundernswerthe Kunst jenes Volkes in dessen Ueberlieferungen, seiner Religion, überhaupt in dessen innerstem Wesen ihre Wurzeln gehabt, daß sie gewissermaßen das Gesammtleben des Volksstammes widergespiegelt hat. Das Ergebniß wäre demnach für uns im Wesentlichen nothwendig dahin gegangen, daß wir unter dem durch die letzten Jahrhunderte aufgehäuften fremdländischen Schutte die Grundlinien des künstlerischen Schaffens unserer germanischen Vorfahren wieder aufzusuchen und in ihrem Geiste, unter Berücksichtigung der neueren wirklichen Bedürfnisse, die Wiedergeburt unserer vormaligen Kunstherrlichkeit zu erstreben gehabt hätten. Wie sehr die Grundprincipien der Gothik, im weitesten Sinne dieses Wortes, und die Art, in welcher die Meister derselben zu Werk gegangen sind, sich vollkommen dazu eignen, nicht bloß den besonderen Anforderungen unserer Gegenwart, sondern überhaupt jedem baulichen Bedürfnisse zu entsprechen, ergibt sich wohl schon zur Genüge daraus, daß jene Kunstweise während der Dauer von mehr als drei Jahrhunderten der gesammten abendländischen Christenheit, den Spaniern wie den Schweden, den Deutschen, den Franzosen und den Engländern, ja selbst den inmitten der großartigen Reste antiker Kunstwerke lebenden Italienern, in jeder Beziehung ausreichte, obschon der Luxus in den großen mittelalterlichen Städten wahrlich den heutigen in tiefen Schatten stellt. Auch jetzt noch bilden die Baudenkmale aus der gothischen Periode den Stolz dieser, übrigens in so wesentlichen Beziehungen unter einander verschiedenen Städte. So zu sagen unter unseren Augen wird für obigen Satz fortwährend der Beweis geliefert, wo nur immer ernster Wille, mit gründlichem Verständnisse der betreffenden Constructionsprincipien gepaart, der gothischen Kunstweise sich zuwendet. Die oft gehörte Phrase, der gothische Styl habe sich ausgelebt, ist, in demjenigen Sinne wenigstens, in welchem sie gebraucht zu werden pflegt, geradezu abgeschmackt. Der gothische Styl hat sich ausgelebt, wie unsere deutsche Sprache sich im vorigen Jahrhundert ausgelebt hatte, als, zufolge des Ueberwucherns der Classikomanie und des Franzosenthums, Seitens der Höfe, der Gelehrten und der damaligen „Gebildeten" unserer deutschen Sprache und Sitte der Rücken zugekehrt worden war. Warum sollte nicht, wie die deutsche Sprache, so auch die deutsche Kunst wieder zum Leben auferstehen können? Um sich von der Möglichkeit solcher Auferstehung zu überzeugen, bedarf es im Grunde nur einer Ueberschiffung des Canales, ja sogar nur einer Kenntnißnahme von dem mehrgedachten Worte Eastlake's (A History of the gothic Revival), in welchem die einfache Aufzählung der hervorragenderen, gothisch stylisirten Neubauten auf englischem Boden, darunter colossale Bauwerke ersten Ranges, zu kirchlichen und zu profanen Zwecken, ein den Zeitraum von 1820 bis 1870 umfassendes Verzeichniß von nicht weniger als 343 Nummern ergibt, obgleich noch manches Namhafte, wie z. B. von Wilkins und Rickman in Cambridge ausgeführte gothische Gebäude, unerwähnt geblieben ist. Das Bedürfniß der Engländer nach „Comfort", überhaupt ihr praktischer Sinn, ist sprüchwörtlich; von Unzweckmäßigkeit der Gothik, gegenüber den modernen Ansprüchen, kann mithin, wie bereits bemerkt, nicht die Rede sein. Ebenso wenig ist der unablässig wiederholte, von dem größeren Reichthum der Engländer hergenommene Einwand stichhaltig. Abgesehen selbst davon, daß während vier Jahrhunderten alle Klassen der Bevölkerung, nicht bloß die reicheren, den in Rede stehenden Styl sich aneigneten, und daß erfahrungsmäßig bei unseren öffentlichen Bauten, überhaupt bei allen, deren Kosten aus fremden Taschen bestritten werden, einschließlich der von den Großspekulanten errichteten, es mit dem Geldpunkte sehr leicht genommen zu werden pflegt, zerfällt jener Einwand schon mangels jeder inneren Begründung desselben. Mit allem Fug kann sogar gesagt werden, daß der gothische Styl, wenn gehörig verstanden und gehandhabt, eine bedeutende Kostenersparniß mit sich führt, wie dieß oben schon näher dargethan worden ist. Es sei hier eben nur daran erinnert, daß das Grundwesen des gothischen Styles die möglichste Verflüchtigung der Masse, dauerhaftes Material und gediegene Arbeit erheischt. Das jüngst in Bezug auf die Erzeugnisse des deutschen Kunstgewerbes so viel gehörte: „schlecht und billig" sollte im Grunde „schlecht und theuer" lauten; denn das Schlechte ist immer theuer, wenigstens zu theuer. Das Vorurtheil von der größeren Kostspieligkeit der gothischen Kunstweise rührt einestheils daher, weil man gewisse, besonders augenfällige ornamentale Aeußerlichkeiten irrthümlich als zum Wesen des Styles gehörig erachtet, anderntheils, und zwar hauptsächlich, weil nur so wenige unter unseren Architekten denselben wahrhaft meistern und dieselben durch ihre Unkenntniß der constructiven Principien zu einem Aufwande von Material und Zierwerk verleitet werden, welcher nicht bloß unnöthig ist, sondern meist geradezu nachtheilig wirkt.

Nicht die echte Gothik trifft der Vorwurf unnützer Verschwendung der Mittel; wohl aber trifft er den Pseudo-Classicismus, und zwar diesen in hohem Maße. Schon allein der ihm eigene unnütze, wenn nicht gar zweckwidrige, überaus kostspielige Säulenluxus, wo es sich um Prunkgebäude handelt, thut dies dar. Gibt es wohl — um ein Beispiel aus dem Vororte jenes Classicismus dem Leser vor das Auge zu führen — irgend ein gothisches Bauwerk, welches eine so unnütze Verschwendung zeigt, wie das von Schinkel errichtete Schauspielhaus in Berlin und das dortige neueste, der „Deutschen Kunst" gewidmete griechelnde Museum, deren überaus kostspielige äußere Freitreppen bloße, dem Publikum stets unzugängliche bleibende Schaustücke sind?! Es sind dies Punkte, auf welche kaum zu oft hingewiesen werden kann, da die Modernisten nicht ermüden, ihre Unfähigkeit durch Einwendungen und Ausflüchte der zuvor gedachten Art zu bemänteln.

Fragen wir, wodurch es gekommen ist, daß die Engländer uns einen solchen Vorsprung abgewonnen haben, so erklärt sich dies zunächst aus dem Umstande, daß dieselben, wie überhaupt, so auch auf dem Gebiete der Baukunst, den mittelalterlichen Ueberlieferungen treuer geblieben sind, als wir, daß sie der Fortschritts-Phraseologie ein weniger geneigtes Ohr leihen, insbesondere aber dadurch, daß ihr freiheitlicher Sinn und ihr Bürgerstolz die Staatsallgewalt nebst dem von derselben unzertrennlichen Bureaukraten-Regimente mit seinem Alles umspannenden Netzwerke nicht aufkommen ließen, sondern der corporativen und individuellen Thätigkeit möglichst viel überantworteten. So ward und wird denn auch bei ihnen die Uebung von „Zirkels Kunst und Gerechtigkeit", wie die alten Steinmetzen sich ausdrückten, nicht durch ein von der Staatsregierung bestelltes und bezahltes Beamtenthum bevormundet, beziehungsweise geübt, die Architektur vielmehr, als freie Kunst, gewissermaßen sich selbst überlassen und vom Wetteifer der sie Uebenden erwartet, daß für jede Aufgabe stets die geeignete Kraft sich findet, wie dies denn auch die Erfahrung bestätigt. Nicht doctrinäre, mittels der Examenspresse angequälte Vielwisserei wird dort patentisirt, sondern die im Leben durch die That kundgegebene Beherrschung eines speciellen Faches der Architektur gewinnt die Oberhand. Die höchste Autorität bildet eine gänzlich unabhängige, sich selbst regierende, aus freier Wahl der Kunstgenossen hervorgehende Körperschaft, das Königliche Institut britischer Architekten (Royal Institute of British Architects). Jährlich haben dessen Mitglieder

Arbeiten einzureichen; es vertheilt Preise an hervorragende
Architekten; in seinen Verhandlungen und Berichten folgt es
den Bewegungen des Kunstlebens, bestellt sogenannte Distrikts=
aufseher u. s. w. Die Bücher und die Sammlungen des
Institutes können, unter gewissen Bedingungen, auch von
Nichtmitgliedern benutzt werden. Gewiß mit vollem Rechte
legt das Institut ein besonderes Gewicht auf die Heranbil=
dung der jugendlichen Kunstbeflissenen. Dieselben bilden
eine eigene ihm angefügte Klasse (Class of Students);
gegen ein Jahreshonorar von bloß einer Guinee können sie
allen Vorträgen der Mitglieder des Institutes beiwohnen
und dessen Lehrapparat benutzen. In diese Klasse werden
jedoch nur Zöglinge (Pupilo) von Architekten aufgenommen,
welche der Körperschaft angehören und ein von ersteren aus=
gestelltes Fähigkeitsattest einreichen. Am Schlusse jeden Jah=
res findet eine Prämienvertheilung an Solche statt, welche
sich durch Fleiß und Talent ausgezeichnet haben. Nach einer
dreijährigen Lehrzeit bei einem Meister der Kunst können
solche Zöglinge auch, falls sie es wünschen, sich einer Prü=
fung durch eine Instituts=Commission unterziehen. Bestehen
sie dieselbe, so erhalten sie ein Certifikat und zugleich das
Recht, während einer gewissen Zeitdauer unentgeltlich die
vorerwähnten Vortheile zu genießen. Außerdem halten be=
währte Meister im Kensington=Museum und in ähnlichen
Anstalten angesichts ausgewählter Muster Vorträge von
wesentlich praktischer Tendenz für Künstler und Kunsthand=
werker und werden Seitens der Leiter der Anstalten Preis=
aufgaben verschiedenster Art ausgeschrieben. Ein sehr inter=
essantes und lehrreiches Seitenstück zu diesem englischen In=
stitute bildet eine in Gent blühende, mit einer, den Titel
Gilde de Saint-Luc führenden Genossenschaft in enger
Verbindung stehende Kunstschule, eine Schöpfung des Barons
J. de Bethune und seiner Freunde, welche schon die bedeutend=
sten Leistungen und Erfolge aufzuweisen hat.

Vorstehendes wird wohl schon genügen, um die oben in Vorschlag gebrachte Entlassung des Kunststudiums aus der Bevormundung durch die Staatsregierung, die diesem Studium angemuthete Rückkehr zu einer freiheitlich-corporativen Organisation gegen den Vorwurf leerer Projectenmacherei zu schützen. Im Uebrigen ist es Denjenigen nicht zu verdenken, welche von diesem Vorschlage keinen oder doch keinen baldigen Erfolg erwarten. Zwar ist in unserem deutschen Vaterlande gar viel von Freiheit und freiheitlicher Entwickelung die Rede; allein die Meisten, insbesondere diejenigen, welche das Wort vorzugsweise im Munde führen, verstehen darunter in Bezug auf fast alle Gebiete, das kirchliche am wenigsten ausgenommen, die unbedingte Herrschaft der jeweiligen Staatslenker — vorausgesetzt, daß dieselben die Geschäfte des Liberalismus machen und alles niederhalten, was dessen Doctrinen und Interessen widerstreitet. Corporative Selbständigkeit und individuelle Freiheit entspricht nun aber bekanntlich beidem in keiner Weise. Zur Zeit mag es sich in der That nur darum handeln, den Glauben an das auf unserem Continente herrschende System zu erschüttern, die Gleichgiltigen auf dessen Früchte aufmerksam zu machen und so allmählig die Ueberzeugung in immer weitere Kreise zu tragen, daß zu der, nicht bloß in der Vergangenheit, Jahrhunderte hindurch, sondern auch in der Gegenwart noch, jenseits des Kanales und in dem benachbarten Belgien, bewährten Methode der alten Meister im Wesentlichen zurückzukehren sei. In einem Theile von Deutschland ist nach dieser Richtung hin schon dadurch ein nicht unbedeutender Spielraum wiedergewonnen, daß zur Uebung des Baugewerkes außerhalb des öffentlichen Dienstes eine academische Vorbildung und sogenannte wissenschaftliche Prüfungen nicht mehr erforderlich sind. Demzufolge ist denn ein Boden vorhanden, auf welchem Handwerk und Kunst ineinanderwachsen, eine wahre Volkskunst sich wieder erheben

kann; dem Kunstbeflissenen ist dadurch die Möglichkeit zurück=
gegeben, alles bei Seite zu lassen, was seiner besonderen An=
lage nicht entspricht und daher deren Ausbildung hemmt.
Universalgenies kommen nur höchst ausnahmsweise vor;
aber auch selbst diese können nur auf dem Grunde eines
von ihnen vollkommen beherrschten Faches zu wahrhaft ge=
deihlicher Entwickelung gelangen. Für Durchschnittsnaturen
ist es ein Verderb, wenn ihnen, wie es nicht bloß in den
Academien, sondern fast in allen unseren höheren Schulen
der Fall ist, um der Vielseitigkeit oder um der „formellen
Verstandesbildung" willen, ein Stoff aufgezwungen wird,
welcher ihnen antipathisch ist, dem ihr geistiges Verdauungs=
vermögen sich nicht gewachsen zeigt. In solcher Ueberfütte=
rung ist hauptsächlich der Grund dafür zu suchen, daß die
Genies, die Originalitäten und starken Charaktere, überhaupt
ganze Männer immer seltener werden, wenngleich der Auf=
wand für Unterrichtszwecke in stetem Steigen begriffen ist.
Was namentlich das Architektur=Gebiet anbelangt, so würden,
zufolge einer Rückkehr zu den Meisterschulen, Solche, welche
sich zur Uebung des sogenannten Hoch= und Schön=Baues
berufen fühlen, ferner nicht widerwillig ihre beste Kraft da=
ran zu setzen brauchen, um sich auch als qualificirt zum
Wege= und Wasserbau, sowie zur Stelle des Ingenieurs,
überhaupt zur Lösung von Aufgaben auszuweisen, wozu sie
sich nun einmal nicht getrieben fühlen und welche sie dem=
nächst im praktischen Leben doch von der Hand weisen wür=
den, falls sich ihnen Gelegenheit, solche zu übernehmen, böte.
In festem Anschlusse an einen Meister würde ein Jeder sich
erproben, oder doch erprobt werden, wie weit sein Können,
worauf es schließlich doch allein ankommt, reicht; das wahr=
haft schöpferische Genie würde, wie vordem in den Bau=
hütten und den Malerwerkstätten, von selbst über die Mittel=
mäßigkeiten hinauswachsen und dieselben sich dienstbar machen.
Den zur Uebung seiner speciellen Kunst erforderlichen wissen=

schaftlichen Apparat wird jeder wahrhaft Strebsame in dem Maße, wie er desselben wirklich bedarf, sich leicht zu beschaffen wissen, ohne vorher zu den Füßen eines Professors gesessen zu haben; dafür bürgt die Unzahl von Meisterwerken jeder Gattung aus Jahrhunderten, in welchen man von der Katheder-Weisheit unserer Tage keine Vorstellung hatte, jedenfalls das Heil für die Kunst nicht darin suchte. So oft und wo immer in Kunstausstellungen Neues neben Altem figurirt, fühlt alle Welt sich gedrungen, Letzterem in jeder Beziehung den Preis zuzuerkennen. Die Kunstfreunde zerbrechen sich alsdann die Köpfe darüber, was alles zu ändern, vorzukehren und aufzuwenden sein möchte, um unserer Kunstübung aufzuhelfen, und es häufen sich die Rathschläge. Ist es nicht sonderbar, wenn keiner dieser Rathschläge dahin lautet, einfach die Wege wieder einzuschlagen, welche die alten Meister gegangen sind? Das „gehobene Zeitbewußtsein" verträgt sich aber nun einmal mit solcher Verdemüthigung nicht.

Welche Einrichtungen auch immer getroffen werden, um der Baukunst wieder zu ihrer früheren Würde zu verhelfen, die Grundbedingung des Besserwerdens bleibt immerdar die Rückkehr zu harmonischer Einheitlichkeit des Schaffens, das Fernhalten der jedes organische Wachsthum hindernden, mit einem begeisterten Aufschwunge, dem Streben nach idealer wie nach technischer Vollkommenheit geradezu unverträglichen, principlosen Stylmengerei, der Unterwürfigkeit gegenüber dem Modegeschmack. Mögen dann immerhin vorerst zwei einander entgegenlaufende Strömungen sich bilden; mögen die Träger der modernsten „Cultur" auf ihrer Jagd nach dem Zukunftsstyle im Zusammenschmelzen alles bisheran Dagewesenen oder etwa in der Erbauung confessionsloser Kirchen sich versuchen und ihre fortgeschrittene Geistesbildung in Wechselchören verherrlichen, sofern nur die Anderen in ernster, consequenter Arbeit das unterbrochene Werk der

Väter, in klarer Erkenntniß der Grundsätze, worauf dasselbe beruht, wieder aufnehmen und unverdrossen weiter führen, so können wir ruhig der Vorsehung und den kommenden Zeiten es anheimgestellt sein lassen, welche von jenen beiden Strömungen versiegen, welche sich immer weiter ausbreiten, welche als befruchtend, welche als verödend sich erweisen wird.

Einen Hauptpunkt glaube ich nochmals hervorheben und etwas näher erörtern zu sollen, zumal er bis jetzt in unserer Kunstliteratur kaum Beachtung gefunden hat, obgleich meinerseits schon oftmals darauf hingewiesen worden ist. — **Nur falls der Architektur ihr volles Recht zu Theil wird, gelangen auch die übrigen bildenden Künste zu dem ihrigen.** Wenn oben geäußert ward, daß alle diese Künste nach der Architektur hin zu gravitiren hätten, so bedarf es wohl kaum erst noch der Bemerkung, daß dies keineswegs so zu verstehen ist, als ob etwa der Landschafts- und der Genre-Malerei zugemuthet werde, in größerem Maße, als bisheran der Fall war, Architekturmotive in sich aufzunehmen oder gar in den Ruhestand zu treten. Nein, selbst die Blumen-, Vieh- und Frühstücks-Maler sollen unbehelligt ihre heitere Kunst weiter üben; ein Stillleben eines Heem, Aelst oder Rason, ein Blumenstück von Seghers, eine Hühnergesellschaft von Hondekoeter wiegen in meinen Augen gar manches von den Ausstellungs-Reporters gepriesene Historienbild in sogenanntem großen Style mehr als auf. Es handelt sich nur darum, den Principien und Regeln, welche jedweder Kunstübung als Fundament zu dienen haben, wieder Geltung zu verschaffen, die naturgemäße Gliederung der verschiedenen Kunstgattungen, gewissermaßen das Verhältniß des Stammes zu den Zweigen und Blüthen zum Bewußtsein und zur Anerkennung zu bringen, und so der auf dem ästhetischen Gebiete immer mehr um sich greifenden Anarchie entgegenzuwirken. Jene Grundprincipien, die Gesetze des Ebenmaßes, der Harmonie, der proportionalen Raumvertheilung, überhaupt des Maßes und der höheren Ordnung, finden aber, abgesehen von der Musik, zunächst und vorzugsweise in der Architektur Ausdruck, wie denn je auch der die verschiedenen geschichtlichen Zeitabschnitte beherrschende Geist sich am prägnantesten in ihren Bauwerken kund gibt. Ein Rückblick in die Vergangenheit möchte überhaupt wohl am klarsten ergeben, was hier gemeint ist.

In allen als wahrhaft „classisch" anerkannten Kunstperioden, vor wie nach Christus, nahm die Architektur die vorstehend ihr zuerkannte centrale Stellung wirklich ein. Aus ihr erwuchsen so zu sagen die Sculptur und die Malerei, beide durch sie bedingt und geregelt; in weiterer Entfernung vom Mittelpunkte sodann, aber doch stets nach letzterem hingezogen und von ihm mehr oder minder belebt, die sonstigen Zwecken dienenden künstlerischen Erzeugnisse, bis zur sogenannten Kleinkunst hinab. Wie dem Erkranken des Stammes immer das der Zweige und der Blätter folgt, so auch begann, wenngleich mitunter während längerer Zeit kaum bemerklich, jedesmal mit dem Verfalle der Architektur das Hinwelken aller sonstigen Künste. Zunächst wirft sich dann wohl die schaffende Kraft um so energischer auf irgend einen anderen Kunstzweig, beispielsweise auf die Malerei, wie dies der Fall war, als die renaissancistische Bewegung die monumentale Baukunst zum Absterben brachte; allein das demzufolge eintretende Ueberwuchern des betreffenden Zweiges hält dann keinesfalls dauernd vor, weil eben der ihn nährende Quell versiegt. So ist denn auch die mit der Renaissance begonnene Glanzperiode der Staffeleimalerei dahingeschwunden, trotz aller Academien, Regierungs-Subventionen und Reclamen. Wer in dieser Hinsicht etwa noch Zweifel hegen könnte, wird vielleicht schon durch die bloße Hinweisung auf die Preise belehrt, welche bei den Auctionen, einerseits für die Leistungen academisch herangebildeter Maler, anderseits für die aus den alten Meisterschulen hervorgegangenen sich durchweg ergeben. Wie tief stehen noch sogar die heutigen Porträts unter denen des 16. und 17. Jahrhunderts, obgleich doch dasjenige, in welchem wir leben, von seinen Lobrednern als die Aera des Realismus und Positivismus gepriesen zu werden pflegt!

Jener Verfall der Architektur trat ein, als die individuelle Freiheit, über die auf Naturgesetze sich gründende Regel sich erhebend, in Willkür ausartete; als man auch die lebendige Geometrie, welche das Skelett der mittelalterlichen Architektur bildete, vergaß; als man die durch viele Generationen vererbte Wissenschaft von Zahl und Maß, den an die „Triangulatur, die Quadratur, das Achteck" u. s. w. gebundenen „höchsten Steinmetzengrund", der verschiedenen Bautheile, „Gerechtigkeit" aus dem Auge verlor, ja das Alles für kindische Spielerei oder abgestandenen Plunder ansah und der Verachtung überantwortete, die Constructionsschlüssel in den Zunftladen vermodern oder als altes Pergament verschachern ließ, um gelehrt scheinende, aus der Antike und den heidnischen Classikern entlehnte, vage oder doch auf nicht mehr vorhandenen Voraussetzungen beruhende, längst überwundene Theoreme an die Stelle zu setzen. Die Träger der damals „modernen" Wissenschaft übersahen zugleich, daß die das Ganze umfassende Gesetzmäßigkeit die erste Grundbedingung künstlerischer Harmonie ausmacht; sie übersahen, daß das Festhalten an dem Canon der höheren Architektur, wie am Generalbaß in der ihr so nahe verwandten Musik, oder auch an unwandelbaren Dogmen auf dem Gebiete der Religion, mit der freien Entfaltung individueller Anlagen sich nicht bloß verträgt, sondern diese Entfaltung insofern sogar bedingt, als mangels solcher fester Ausgangs- und Stützpunkte das geistige Schaffen durchgängig in Phantasterei ausartet oder, keines nachhaltigen Aufschwunges fähig, sich schließlich im Sande verläuft.

Ganz naturgemäß wendeten sich zunächst die cäsaristischen Absolutisten allerhand, der Willkür Thür und Thor öffnenden Theoremen, den Philosophen, Professoren und Legisten zu, deren Wissensdünkel hoch erhaben über allem Althergebrachten, Volksthümlichen thronte. Wie die freiheitlichen Verfassungen von der Fürsten-Omnipotenz, das ererbte Volksrecht von der gelehrten Juristerei, ja in den höheren Kreisen sogar unsere deutsche Sprache von der lateinischen und französischen allmählig verdrängt ward, so mußte auch die alte Volkskunst vor der modischen Hofkunst weichen; an die Stelle der Steinmetzen-Genossenschaften und der Meisterschulen traten die Academien mit ihren unpraktischen Theorien und ihren aus allen Zeiten und unter allen Himmelsstrichen zusammengelesenen Mustern. Für die Auswahl unter diesen Mustern und deren Verwendung sollte nur das Gefühl, der Takt, insbesondere aber der Geschmack jedweden Künstlers maßgebend sein, kein Dogma den freien Aufflug seiner Phantasie behindern. Aus der Geringschätzung der auf festen Gesetzen ruhenden mittelalterlichen Bauweise erwuchs sehr bald eine solche Unkenntniß derselben, daß selbst die hervorragendsten Köpfe, die angesehensten Kunstschriftsteller in geradezu läppischen Redensarten sich darüber vernehmen ließen. Statt vieler seien nur zwei solcher Männer als Beispiel vorgeführt, der geistvolle und gelehrte Erzbischof Fénélon (1651—1715) und der noch von heutigen Kunstliteraten als „deutscher Vasari" gepriesene Nürnberger (!) Joachim von Sandrart (1606—1688), Verfasser des voluminösen Werkes „Die teutsche Academie", ein Hauptträger der deutschen „Renaissance". Nachdem Ersterer in seinen Gesprächen über die Beredsamkeit sich zunächst spöttelnd in Bezug auf die Rosen, die Punkte, die kleinen, abgebrochenen, zwecklosen Zierraten, kurz all das „unnütze Schnitzwerk", womit die gothischen Werke angefüllt seien, ausgelassen, fährt er fort: „Diese Bauart ist von den Arabern auf uns gekommen.

Die Araber waren von gar lebhaftem Naturell; doch hatten sie weder Regel noch Bildung; demnach mußten sie auf falsche Subtilitäten verfallen. Daher kam denn der schlechte Geschmack, welcher sich in allen ihren Werken kund gibt" u. s. w. Kann man sich über den in den gothischen Kirchen und Schlössern während der letzten Jahrhunderte geübten Vandalismus noch wundern, wenn selbst ein mit so vielen Vorzügen ausgestatteter Würdenträger der Kirche in solcher Art über eine Kunst urtheilte, aus welcher neben der tiefsten Gesetzlichkeit die reichste Mannichfaltigkeit, der Geist eines Thomas von Aquin hervorleuchtet! In noch drastischerer Weise als Fénélon drückt der academisch gebildete, mit Italienerthum gesättigte „deutsche Vasari", Sandrart, sich über die Gothik aus. Im ersten Bande seines oben bezeichneten Werkes auf S. 21 liest man was folgt:

„Gothische Bauart nennt man diejenige, welche nach dem Verfalle des guten Geschmackes üblich wurde, wo weder richtige Verhältnisse, gehörige Eintheilungen, noch mit Verstand angebrachte Zierraten anzutreffen sind. Die Gothen brachten solche nach Italien, nachdem alle guten Künste vertrieben waren. Dieser schlechte Geschmack hat auch gar lange in unserem Teutschland geherrscht. Die vielen Thürme, als der Stephansthurm in Wien, der Münster zu Straßburg und viele Kathedralkirchen in Frankreich sind Beweise davon. Man bewundert die Festigkeit dieser Gebäude und muß einen gewissen Fleiß und Gebuld in der Ausführung loben. Allein man sieht dem Ganzen doch etwas Aengstliches und Gezwungenes an. Die Zierraten sind überhaupt an dem unrechten Orte angebracht. Mit einem Worte: es fehlte damals den Baumeistern die Wissenschaft einer klugen Disposition, welches die Seele der Baukunst ausmacht. Hätten sie überhaupt Wissenschaft besessen, so würden sie unser

Jahrhundert an Fleiß und an solider Bauart übertroffen haben."

An einer anderen Stelle seines Werkes springt unser Nürnberger Renaissancist noch weit unbarmherziger mit den Meistern um, welchen seine Vaterstadt ihren Ruhm verdankt. Indem er „die Köstlichkeit einer Kunstsache nach der wahren, lebhaften Natürlichkeit derselben" bemessen sehen will und der Malerei, im Verjältniß zu den anderen Künsten, die Palme reicht, bespricht er die fünf classischen Ordnungen in der Baukunst und fährt dann also fort:

„Noch ist eine, die sechste Art Gothica genannt, welche von den Alten nach Verlust der Baukunst an Geschicklichkeit und Verstand sehr weit abgewichen, weil sie keine richtige Ordnung, Maß und Proportion beobachtet und eben so bald unter das Hauptthor, auf welchem die größte Last liegt, kleine schmale Säulen setzet. Ja, sie behänget die Säulen mit Weinreben und Weinblättern, bald so dick, als ob ein ganzes Weingebirg darauf gebaut wäre, bald aber so subtil, zart und wenig, als wenn es kleine, ausgeschnittene Kartenblättlein wären. In diesem Irrgarten haben unsere alten Teutschen lang und viel gewaltet und solches für eine Zier gehalten, wie denn fast alle alten Gebäude, auch die fürnehmsten, mit dergleichen Unordnung erfüllt sind. Diese Unform haben die Gothen nach Italien gebracht, denn, nachdem sie Rom verheert und zerstört und fast alle römischen Künstler in selbigen Kriegszeiten umgekommen, haben sie nachgehends diese schnöde Art zu bauen eingeführt, womit sie ihren Verwüstungen durch ganz Wälschland mehr denn tausend Flüche auf den Nacken gebürdet und gezogen."

So urtheilte und sprach die humanistische Aufklärung des 17. Jahrhunderts. Und unter den Academikern unserer

Gegenwart befinden sich nicht Wenige, welche im Wesentlichen noch auf dem „wissenschaftlichen" Standpunkte Sandrart's verharren, nur in glatteren, mundgerechteren Redewendungen denselben geltend zu machen suchen. Hat doch beispielsweise Wilhelm Lübke in seiner Geschichte der Architektur jüngst noch, ganz im Geiste Sandrart's, den Ausspruch gethan, daß der gothische Styl, „weder der natürlichste, noch der nationalste, noch auch der für unser Klima und für unsere Verhältnisse passendste" sei! Andere Modernisten mögen Auslassungen der zuvor mitgetheilten Art vornehm belächeln; Alle thäten gewiß am besten, wenn sie sich dadurch zu ernstem Nach= denken veranlaßt fänden. Jene Männer des 17. Jahrhunderts konnten sich, angesichts der glänzenden, aus dem Mittelalter noch herübergeretteten Technik, und des ächten Luxus, welche den meisten Kunstprodukten ihrer Zeit eigen waren, ziemlich leicht in den Glauben an eine neue, die Vergangenheit in tiefen Schatten stellende Aera versenken und der Hoffnung auf eine stetige Fortentwickelung zum Vollendeten hin Raum geben. Allein nach den Erfahrungen der folgenden Gene= rationen bis zu der unsrigen einschließlich hin noch immer die Gothik als „überwunden" bezeichnen, von der academi= schen Stylmengerei das Heil der Kunst erwarten, sich selbstge= nügsam in Pseudo=Renaissance und =Roccoco oder auch in krankhafter Schwindelgothik ergehen, dazu ist ein Grad von Kurzsichtigkeit oder Verblendung, ein Mangel an jeder tie= feren Einsicht erfordert, wie solche schwerlich irgend ein früheres Zeitalter aufzuweisen hat. Ist unseren Modernisten doch meist sogar der Begriff eines Styles und damit zugleich, wie das herrschende Surrogaten=Unwesen zeigt, die Erkennt= niß abhanden gekommen, daß jedweder Stoff gebieterisch eine besondere Behandlung und Formgebung erheischt! Mit all' dem Gerede in Büchern und Blättern über die kritische Vielseitigkeit oder die Geschmacksuniversalität unserer Gegen= wart ist in der Sache so wenig geholfen, wie mit dem magistralen Stabbrechen über die „Gothopkober" einerseits und die „Gothomanen" anderseits. Vergebens schiebt man das „Zeitbewußsein", die „moderne Cultur" vor, um die traurigen Blößen zu bedecken, welche unser Kunstleben zur Schau trägt. Nicht minder vergebens sucht man diese Blößen durch den Vorwand zu entschuldigen, daß es unserer Zeit an der nöthigen Ruhe und Klärung fehle, um Kunstwerke von Bedeutung aus sich heraus zu schaffen — als ob in Athen und in unseren mittelalterlichen Prachtstädten sich stets Alle in Friede und Freundschaft umschlungen gehalten hätten! Wenn selbst Fachmänner von Bedeutung für die praktische Gleichberechtigung aller Style, insbesondere des altgriechischen, des romanischen und des gothischen, eintreten, weil ein jeder seine besonderen Vorzüge habe und von genialen Meistern gepflegt worden sei, so beweist dies, daß dieselben die wesentlichen Lebensbedingungen der monumentalen Kunst nicht kennen oder doch außer Acht lassen, vor Allem die Nothwendigkeit eines gründlich und einheitlich, nach festen Principien geschulten Arbeiterheeres. Jene Herren irren übrigens, wenn sie meinen, dasjenige, was uns im Laufe dieses Jahrhunderts unter der Etikette „griechisch" oder „romanisch" geboten worden ist, habe einen gegründeten Anspruch auf diese Bezeichnungen. So leicht ist es nicht, in die Fußstapfen der alten Meister zu treten; am wenigsten befähigt dazu die in unseren Kunst- und Gewerbe-Schulen immer mehr überhand nehmende Zeit- und Papierverschwendung zum Zweck des eleganten Zeichnens in allen Stylarten; das Auge und die Hand werden dadurch mehr verwöhnt, als zu dem geeignet vorgeübt, was letztere demnächst, mit dem zu gestaltenden Materiale kämpfend, schaffen soll. Im Uebrigen kommt aber auch die Freigebung des Styles in dem vorgedachten Sinne so ziemlich auf dasselbe hinaus, als ob man die Wahl zwischen dem ebenwohl vom classischen Alterthum inspirirten Ptolomäischen und dem aus der christlichen Aera erwachsenen Copernikanischen Weltsysteme dem individuellen Geschmacke anheimstellte. Für das Eine wie für das Andere sind bekanntlich große Geister eingetreten; ja, nach der in unseren gelehrten und artistischen Kreisen vorherrschenden Ansicht sah es während der erstgedachten Periode sogar noch heller auf unserem Erdballe aus, als nachdem in Christus das „Licht der Welt" erschienen war. Soweit die Mathematik den Ausschlag gibt, steht die Gothik vielleicht nicht minder hoch über der Antike, wie das Copernikanische Weltsystem über dem Ptolomäischen. Wie dem aber auch immer sein möge, schon die bereits erwähnte Rücksicht auf Diejenigen, welche die Pläne oder „Ideen" zu verwirklichen haben, ergibt die Nothwendigkeit, über den Eklektizismus den Stab zu brechen. So lange derselbe herrscht, wird ein tüchtiges Kunsthandwerk für bauliche Zwecke sich nicht heranbilden lassen. Nur höchst ausnahmsweise werden die Bauhandwerker mit voller Sicherheit, wahrhaft charakteristisch, schnell und demzufolge zugleich billig arbeiten, wenn ihnen nicht feste, gleichsam in Fleisch und Blut übergegangene Bildungsgesetze fortwährend als Richtschnur dienen. Anderenfalls bedürfen sie meist kostspieliger Modelle oder detaillirter Zeichnungen als Vorlagen; aber selbst bei deren Zuhülfenahme wird das Kennerauge in der Art der Ausführung stets etwas Tappendes, Abgequältes, Unlebendiges wahrnehmen. Nur durch die principienhafte Einheitlichkeit, welche das Kunstwesen der Griechen, der Römer und unserer mittelalterlichen Vorfahren durchwaltete, läßt sich deren Staunen erregende artistische Fruchtbarkeit erklären, sowie ferner, daß die zahllosen Werke aller Art, deren Ueberreste auf uns gekommen sind, durchweg das Gepräge der Meisterschaft an sich tragen, oder doch erkennen lassen, bei welchem Volksstamme und in welcher Zeitperiode sie entstanden sind. Was wird die Nachwelt von den Kunstprodukten unserer Neuzeit, soweit sie deren aus dem Culturschutte hervorgräbt, sagen? Welches Urtheil wird sie danach über das ästhetische Streben und das technische Können, wie über die Ideale der Deutschen des neunzehnten Jahrhunderts fällen? Die Beantwortung dieser Fragen mag dem Leser überlassen bleiben.

Wenngleich in vorstehendem Abschnitte der Name Pugin sich nicht genannt findet und für das darin Gesagte seine Autorität nicht direct angerufen werden konnte, so glaube ich doch annehmen zu dürfen, daß Letzteres im Wesentlichen der von ihm gezogenen Richtungslinie entspricht, daß er dafür eintreten würde, wenn er auf deutschem Boden unseren Verhältnissen gegenüber stände. — Möge aus gegenwärtiger Schrift nur ein ganz kleiner Theil des Erfolges diesseits des Kanales sich ergeben, welcher aus den Worten des englischen Neubegründers der christlichen Kunst in seinem Vaterlande erwachsen ist! Einen vollständigen Sieg nach allen Richtungen hin haben freilich seine Principien auch selbst dort noch nicht errungen. So leicht läßt sich eine hergebrachte Routine nicht überwinden, die meist ebenso anspruchvolle wie oberflächliche Mittelmäßigkeit sich nicht in Bahnen treiben, auf welchen tiefer gedacht und ernstlicher gearbeitet werden muß, als wenn dieselbe in gewohnten Geleisen sich fortbewegt oder sich der gerade herrschenden Mode dienstbar macht. Vollkommen erhaben über die Modesucht sind auch die Bewohner des britischen Inselreiches nicht, und so kommt es denn, daß eine Anzahl der weniger begabten und strebsamen englischen Architekten unter der Flagge der „Renaissance", die Alles deckt, was der Principienhaftigkeit und der wahren Meisterschaft entbehrt, immer noch Mancherlei führen, woran Pugin Anstoß nehmen würde; daß der Eine durch Französirendes aus der Zeit Hein=

richs IV. oder Franz I., ein Anderer durch Niederländisches aus dem 17. Jahrhundert, ein etwas patriotischer gesinnter Dritter durch Königin=Anna=Styl das Publikum anzulocken sucht, während der Londoner Häuser=Speculant seine Massenproduction meist nach einer mehr antikisirenden Schablone in einem Style zurechtmacht, welchen modern=classisch gebildete Nichtkenner wohl als „einfach=edel" bezeichnen. Die bedeutendsten Meister, die Scott, Burges, Street, Pearson, Butterfield u. s. w., begeben sich indeß glücklicherweise auf solche Abwege nicht, oder doch nur höchst ausnahmsweise; und ihr Wirken genügt, um der englischen Architektur im großen Ganzen einen echt nationalen Grundcharakter zu verleihen, und um das Kunsthandwerk aller Art in frischer, selbstbewußter Lebendigkeit zu erhalten, es vor regelloser Pfuscherei zu bewahren.

Für unser festländisches Kunstleben wäre schon viel erreicht, wenn die in demselben sich bewegenden Renaissancisten sich wenigstens dazu verstehen wollten, nicht weiter Renaissance auf eigene Hand, Phantasie=Renaissance zu treiben, ganz insbesondere aber, wenn sie, die ersten Begründer der jenen Namen führenden Kunstrichtung sich zum Muster nehmend, in deren Geist einzudringen suchten, ihrer Virtuosität nachstrebten. Immer noch blieben diese Männer dem **christlichen Ideale** zugekehrt. Jedenfalls erkannten und bereueten sie es als eine Verirrung, insoweit sie von diesem Ideale sich abgewendet hatten. Der Großmeister der Renaissance auf dem literarischen Gebiete, der lorbeergekrönte Vorkämpfer des Humanismus, Petrarca, hat davon noch in der Vollkraft seines Lebens, wie sein Freund Boccaccio, öffentlich Zeugniß abgelegt; sein Haupt ruhete auf den Bekenntnissen des heiligen Augustinus, als er in den Todesschlaf sank. Wie der Herrscher im Reiche der bildenden Künste, Michelangelo, zurückschauend auf die Aufgabe derselben und auf seine ruhmumstrahlte Laufbahn, den Beruf des Künstlers auffaßte, davon mag sein nachfolgendes dichterisches Selbstgespräch Kunde geben:

> Auf schwankem Kahn durch sturmbewegte Flut,
> Dem Hafen immer näher, treibt mein Leben,
> Wo es uns obliegt, Rechenschaft zu geben
> Vor Gott von jeder That, bös oder gut.
>
> Ließ mich des Herzens ungestüme Glut
> Die Kunst zur Herrin, zum Idol erheben,
> Ach, so erkenn' ich jetzt mein ganzes Streben,
> Mir zum Verderben war vermess'ner Muth.
>
> Was frommet die eitle Liebe, die hienieden
> Einst mich umfangen? Doppelt naht der Tod;
> Der ein' ist sicher und der andre droht.
>
> Nicht Malen und nicht Meißeln gibt mir Frieden,
> Nur jene Liebe kann sich mein erbarmen,
> Die uns vom Kreuze winkt mit off'nen Armen.

Hätte ein Geringerer als Michelangelo, die Augen nach dem Kreuze gerichtet, solchergestalt aufgeseufzt, so würden unsere starken Geister eben nur einen argen Verstoß gegen den Ton der „guten Gesellschaft" darin erblicken und über schwächliches „Nazarenerthum" spötteln. Dem Schöpfer der St. Peterskuppel und des Moses gegenüber sucht man sich entweder durch Ignoriren zu helfen, wie dies u. A. Hermann Grimm in seinem, im Uebrigen nichts weniger als knapp gehaltenen Leben Michelangelo's gethan hat, oder man stellt mit Alfred Woltmann den Dichter des unbequemen Sonettes als abgefallen von sich selbst, in Folge von Altersschwäche gebeugt unter das Joch „streng-kirchlicher" Satzungen dar und nimmt unser Mitleid für ihn in Anspruch!

Wie jene italienischen Kunstgenies aus der Zeit des niedergehenden Mittelalters, so standen auch die großen deutschen Meister, die Dürer und die Holbein, fest im christlichen Glauben und in den kirchlichen Traditionen, als sie zuerst der Renaissance in unser Vaterland Bahn brachen, der Hoffnung sich hingebend, die christliche Schönheit mit der antiken verschmelzen zu können.

Glücklicherweise braucht man indeß nicht erst in die Periode der Michelangelo und Dürer zurückzugreifen, um darzuthun, daß christlicher, ja strengkirchlicher Sinn mit hoher, künstlerischer Leistungsfähigkeit sich nicht bloß sehr wohl verträgt, sondern daß er dieselbe wesentlich fördert, krönt. Unsere Künstlerwelt könnte dieß auch an Zeitgenossen lernen. Es sei hier nur, um in Deutschland zu bleiben, auf die Namen Overbeck, Führich, Steinle und Cornelius hingewiesen. Keinesfalls wird wohl der Letztgenannte irgend welchem Anstande begegnen können. Sagt doch von ihm der von unseren Renaissancisten als literarische Autorität ersten Ranges anerkannte, bereits citirte Professor Hermann Grimm (Leben Michelangelo's II, 481), daß „in der großen Wüste (Berlin), in welche Cornelius sich versetzt gesehen, die Gedanken an die römische Religion, von Jugend an ihm vertraut, ihm zuletzt die einzige Nahrung boten." Und damit nicht etwa ein Alfred Woltmann auf den Einfall gerathe, auch dieses sich Versenken in die „römische Religion" eingetretener Altersschwäche beizumessen, mag noch der Ausruf Grimm's hier Platz greifen: „Wie wunderbar wuchs Cornelius bis zu seinem letzten Ende! Er ist niemals stehen geblieben, er ist fortgeschritten sichtbar, bis seine Hände sanken" (S. 475 a. a. O.). Es genügt denn auch wohl schon ein Hinblick auf die für das Berliner Campo Santo bestimmt gewesenen Cartons, um jeden Zweifel an der Richtigkeit des vorstehenden Ausspruches zu beseitigen.

Ganz gewiß irren demnach die Künstler unserer Gegenwart gröblich, welche in der Glaubenslosigkeit oder gar in der Gottlosigkeit, im Ignoriren der kirchlichen Lehren und Vorschriften einen Fortschritt, ein höheres Stadium auf dem Wege zur Emancipation des Menschengeistes erblicken, was denn auch der Kunst zu gut komme. Man sollte meinen, es bedürfe nur eben eines Umschauens in unseren Bilderausstellungen, eines Hinblickes auf die modernen Bau= und Sculpturwerke, und einer Vergleichung derselben mit den im Lichte des Christenthums, unter der Hand gläubiger Meister erwachsenen verschiedenartigsten Kunstschöpfungen aller Perioden, um Jeden, der nicht absichtlich die Augen vor der Wahrheit verschließt, sofort von dem Irrigen solcher Annahme zu überzeugen. Und in der That liegt die Schuld durchweg nicht in den Augen und dem durch dieselben vermittelten Urtheilen, als an dem Wollen jener Fortschrittskünstler. Die Träger des sogenannten modernen Bewußtseins wollen das Haupt unter eine höhere Autorität nicht beugen; sie wollen ihr Wirken dem Uebersinnlichen, einem Ideale nicht unterordnen; sie wollen auf die Genüsse und Vortheile nicht verzichten, welche mit dem Streben nach dem Ideale, insbesondere dem christlichen, unverträglich sind. Nebenher schaffen sie sich auch wohl Beruhigung mittels illusorischer Hoffnungen auf eine aus unserer ästhetischen Verkommenheit im weiteren Verfolge hervorwachsenden ganz absonderlichen Kunstblüthe. Die Verheißung der Schlange: Eritis sicut Deus — „Ihr werdet sein wie Gott" — treibt immer noch, wie im Anfange der Menschengeschichte, zum Abfall von den Geboten Gottes. Namentlich sind es die begabteren Naturen, welche an der Klippe des Hochmuthes scheitern. Allerdings schließt die Irreligiosität nicht schlechthin jedwede Meisterschaft aus, so lange wenigstens nicht, als die Sonne des Christenthums nicht völlig untergegangen ist, oder doch noch ihre Nachwirkung auf die Allen gemeinsame geistige Atmosphäre übt. Allein mit dem Kunstleben einer Nation ist es jedenfalls vorbei, wenn die große Masse derselben dem Unglauben verfällt, dem Sinnlichkeits= Cultus, der Frivolität sich hingibt. Sogar schon in Bezug auf einzelne Schichten läßt sich dies mit Fug sagen. Sicher=

lich steht derjenige Theil der jüngeren Berliner Künstler=
schaft, welcher, nach Berichten in öffentlichen Blättern, un=
längst sich nicht entblödet hat, in den ehrwürdigen Hallen
der ehemaligen Choriner Abteikirche durch ein Spektakelstück
niedrigster Art den katholischen Cultus öffentlich zu verhöhnen,
in künstlerischer Hinsicht auf keiner höheren Stufe, als in
religiös=sittlicher.

Gar manche Anzeigen sprechen dafür, daß wir uns in
einer Krisis befinden, welche wohl zu dem vorbezeichneten
Aeußersten führen könnte. Leisten doch selbst Solche, die
besonders berufen sind, die höchsten Güter der Nationen zu
hüten, in unsäglicher Verblendung in bald mehr, bald weni=
ger verhüllter Weise den Entchristlichungs=Bestrebungen Vor=
schub! Sollten ihrerseits die Künstler und die Kunstgelehrten
der hohen, ja der hauptsächlichsten Mission der Kunst, die
Herzen aufwärts, nach der Urquelle alles Wahren und
Schönen hinzulenken, absagen, so wird hoffentlich der noch
dem ererbten Glauben treu gebliebene Theil des christlichen
Volkes so viel Widerstandskraft besitzen, um denselben gegen
die vereinten Angriffe des Cäsaropapismus und der nackten
Gottesläugnerei, auch wenn es die schwersten Opfer kosten
sollte, zu schützen, oder doch zu überwintern. Mag man
demselben immerhin seine durch künstlerische Hand geschaffe=
nen Heiligthümer rauben oder verschließen, das innere Heilig=
thum des religiösen Glaubens ist, gottlob, der Vergewalti=
gung unzugänglich, wenn ein entschlossener, mit Opferwillig=
keit gepaarter Wille dasselbe vertheidigt.